UNE VIE CHOISIE

MARC SIMONCINI

UNE VIE CHOISIE

BERNARD GRASSET
PARIS

Photo de couverture : © Arno Lam

ISBN : 978-2-246-75371-1

À Léa et Ugo qui ont su extraire
de mes gènes un bleu dont j'ignorais l'existence.

« Pas besoin de montre dans un égout... »

Si tu veux savoir l'heure, sers-toi de l'odeur, jusqu'à dix heures ça sent la pisse, à quatorze heures ça sent la vaisselle et à cinq heures ça sent la merde. Je ne me souviens que d'un seul truc que mon père m'a appris : comment faire un nœud de lacet avec la ficelle d'une mozzarella. J'avais probablement trois ou quatre ans, depuis, plus rien, ou presque. J'en ai dix-neuf et c'est incroyable tout ce que j'apprends avec Azouz pendant qu'on creuse notre égout. Quatre semaines qu'on y est, à passer un gros tuyau sous une triste rue de Dijon. Ce serait certainement plus facile de détourner la circulation de deux ou trois cents mètres, on pourrait creuser la tranchée, déposer le Fibrociment bien au fond, bien à plat, le recouvrir de terre grasse et nous barrer en vacances. Mais non. Il faut croire que les ingénieurs surdiplômés chargés de ce dossier en ont décidé autrement. Ils craignent moins notre fureur que celle des parents pressés de déposer fissa leur progéniture dans ces écoles grises promettant un avenir pas folichon folichon. Trois mois déjà que j'ai trouvé ce job, après mon bac accordé avec « l'indulgence coupable du jury ».

Dix-neuf ans, il m'a fallu dix-neuf ans pour obtenir ce premier diplôme. Je suis né à Marseille en 1963. Mon père a passé un sacré concours pour devenir ingénieur des télécoms, ma mère était institutrice, elle a cessé de travailler à la naissance d'Isabelle, ma petite sœur. Baptisé à Pont-de-Vivaux, un quartier moche, même sous le soleil de Marseille, dans une église postmoderne en béton armé, on ne sait jamais. Daniel, mon frère aîné, naît cinq ans avant moi, à Paris. Mes parents s'empressent, sitôt le concours de mon père terminé, de fuir la capitale où ma mère devait implorer des propriétaires chrétiens pour qu'ils consentent à leur louer une soupente pouilleuse. Isabelle vient au monde en 1965. Entre-temps, nous sommes passés du deux pièces en rez-de-chaussée de Pont-de-Vivaux à un vrai appartement, plus spacieux, au Roucas-Blanc, un quartier bleu et blanc posé sur une colline. Cinquante mètres carrés, balcon sur mer, immeuble de sept étages. Ce n'est pas Byzance, mais il y a trois chambres, celle de mes parents, celle d'Isabelle et celle des garçons.

Le sable est à une encablure, la mer s'est rapprochée, le bonheur prend un goût de sel. Je grandis dehors, l'été je quitte la maison tôt le matin pour ne rentrer qu'à l'heure du dîner. Je passe des heures dans l'eau, sous l'eau. Il n'y a que ça qui m'intéresse. J'essaye de fabriquer des bouteilles de plongée avec des bouteilles d'Evian, ça ne marche pas mais je recommence. J'écume les chantiers pour piquer les restes de tuyaux en plomb que je fais fondre dans une casserole sur la gazinière familiale et que je coule dans des boîtes de sardines. Les lests de plongée coûtent trop cher, alors on les fabrique.

Dès le CM1, le directeur de l'école publique sacrifie tous les jours une heure pédagogique pour imposer à ses mouflets une séance de foot en plein air. Nous sommes à Marseille et M. Borelly arbitre lui-même le match, chaque soir, sifflet au bec. Le foot est plus important que les maths. Les bleus contre les rouges, toujours les mêmes équipes. Je joue ailier droit, sans talent. Rien à voir avec les prouesses de Figon, notre goal, il porte des lunettes à double foyer et il enlève systématiquement ses chaussures parce que sa mère lui interdit de les abîmer. Figon, c'est notre goal, un goal en chaussettes et qui ne voit rien, c'est un mauvais point pour notre équipe mais, pour équilibrer, Borelly nous a donné Bovero, le fils du pâtissier, un colosse ! Il balance ses « choux à la crème » (c'est Borelly qui a inventé cette expression) de vingt mètres, ça passe très souvent à côté mais quand ça rentre, ça fait du bruit.

En primaire, l'école, ça va encore. J'ai même un an d'avance. On me bombarde dans un CES, le CES Paul Codaccioni (un résistant corse fusillé par les Allemands), un bâtiment en briques rouges, une cour et quelques arbres. On passe plus de temps à échanger des vignettes Panini avec les profs qu'à remplir des fiches de lecture. À la maison, pas de télé, mon père a toujours refusé de nous voir nous abrutir devant un écran. Le problème, c'est que les soirs de match je n'ai que deux solutions. Soit je suis le déroulement du match à la radio sur RMC en reproduisant au stylo, sur une feuille, les trajectoires du ballon, soit je me fais inviter fissa chez nos voisins de palier, les Campana. Mme Campana me gave de gâteaux et d'orangeade, son mari, inspecteur de police à la retraite, commente le jeu, façon Pagnol. Un pur bonheur. L'Ajax d'Amsterdam, l'épopée des Verts, les poteaux carrés, j'ai tout vu, j'ai tout rêvé. Les poteaux carrés, M. Campana, il ne s'en est jamais remis.

Vivre à Marseille c'est vivre libre, dehors, couvert de copains de toutes les origines qui inventent des expressions sculptées « avé l'accent ». À Marseille tout passe par le verbe et un peu par la débrouille. Évidemment il manque bien quelques bases, Pythagore, Lagarde et Michard ou Thalès ne font pas vraiment le poids.

Un matin de 1978, mon père nous annonce que nous quittons Marseille. Direction « Châlons-sur-Marne ». Je déplie une carte Michelin, au-dessus de la première pliure je cherche « Châlons », donc entre Marseille et Avignon. Rien... Je remonte doucement, je remonte, je passe la Loire, je prends à droite, je remonte encore, beaucoup, et tout en haut je découvre l'emplacement de cette riante bourgade ! En plein milieu de la Haute-Marne. La vache, c'est loin, c'est un choc. Nous partons, me voilà embarqué dans la R20 TS familiale aux sièges en simili-velours beige. La voiture remonte la vallée du Rhône, nous passons des platanes aux cyprès, des cyprès aux chênes puis des chênes aux peupliers, et enfin des peupliers à rien, ou presque. On échoue finalement dans un petit village de campagne, à six kilomètres de la ville la plus proche : Châlons. La maison est belle, clocher plein cadre, accès direct au cimetière sans route à traverser, la campagne, les corbeaux et puis l'odeur infecte qui émane de l'élevage de poulets derrière le mur du jardin. Ça change du bleu et du blanc, j'en perds la parole... Durant les deux premiers mois, au lycée, à cause de mon accent nul ne comprend un mot de ce que je raconte. Je suis un Martien, je ne connais personne dans ce bahut mais je me lie d'amitié avec un deuxième Martien, j'ai oublié son prénom. Il porte des lunettes aux verres épais et sur mesure, il est toujours dans la lune, et comme il se passionne pour l'astronomie, je le surnomme « l'astronome ». Il est rarement sur Terre mais il connaît chacun des chemins qui mènent aux étoiles. Il est dispensé de sport, je ne sais pas vraiment pourquoi, je comprendrai plus tard. On devient vraiment potes. J'essaye de le garder au sol, près de moi, le plus longtemps possible, mais il finit toujours par partir, le nez en l'air, un drôle de sourire sur les lèvres. Un jour, pendant l'heure du déjeuner, je lui propose de venir avec moi au bistrot du coin pour faire une partie de flipper ; la première de sa vie. Je lui montre comment agiter les doigts, il joue, il rit, on ne voit pas le temps passer et on est en retard pour le cours suivant. Il faut foncer ! Je ramasse mes affaires, je cours, il me suit, je ne sais pas qu'il ne doit pas et il tombe. Arrêt cardiaque, là, juste devant moi, sur le trottoir. Son pantalon se couvre d'urine, je ne sais pas ce que cela veut dire ; une passante m'explique : c'est terminé. On l'enterre un samedi après-midi de novembre dans le minuscule cimetière d'un minuscule village au fond de la Champagne. Il neigeote, pas assez pour que ça devienne beau. Cinq personnes dont moi. J'enterre mon seul copain. Je me sens coupable, du coup je me dis qu'il est parti très tôt mais vivant et que comme il les connaît toutes, il va trouver l'étoile la plus accueillante. Au lycée, mon prof de français est un ancien ambassadeur de France au

Laos, rapatrié après les événements dans ce lycée napoléonien. Quasi chauve, grosses lunettes aussi. Il nous raconte une antique coutume laotienne. Quand deux hommes courtisent la même femme, ils se battent à mort et le survivant apporte les organes génitaux du vaincu à la demoiselle. Je ne sais pas ce qui me prend, je me lève et j'entonne : « J'vous ai apporté des bonbons, parce que les fleurs c'est périssable… » La classe est sidérée, le prof est écarlate, il pose ses lunettes sur son bureau et me demande de rester dans la classe après la fin du cours, je crains le pire.

Il me demande :

— Vous connaissez Brel ?

— Heu, oui, je crois que je connais toutes ses chansons par cœur, et même une en flamand, « Marieke ».

— Vous aimez la poésie ?

— Oui, j'en lis beaucoup et depuis longtemps.

— Quel est pour vous le plus grand poème ?

— « L'Aveugle » de Péguy.

Il ne le connaît pas, il est intrigué…

— Qu'a-t-il d'extraordinaire ?

— Il est plus beau que « Les Aveugles » de Baudelaire et moi ça, ça me suffit pour le classer comme immense poème, non ?

Il rit, et nous voilà partis à parler de Baudelaire, Lamartine, Mallarmé…

Intrigué, il va me prendre sous son aile et me transmettre jour après jour sa passion pour la littérature, pour les mots, et l'envie de croire que je pourrai peut-être un jour avoir du talent. Je commence à m'acclimater à la vie sous le cercle polaire, je traîne, « j'écoute pousser mes cheveux », je rencontre Laurent, un des premiers à avoir essayé de comprendre mon dialecte et qui depuis quarante ans est toujours mon ami. France Télécom, pourtant pas réputée pour sa vitesse de décision, décide au débotté de muter à nouveau mon père. Au beau milieu de l'année scolaire il doit partir pour Dijon. Mes parents et ma sœur quittent Châlons-sur-Marne en cours d'année, le proviseur nous conseille férocement de ne pas perturber mon année à moi, je reste donc seul à Châlons, hébergé par une famille allemande qui a la délicatesse de me parler en français.

Je rejoins Dijon dès la rentrée suivante, mon année scolaire d'avance est un lointain souvenir. J'ai redoublé ma quatrième à Marseille, à Dijon je redouble ma première. Au lycée Carnot, le proviseur a une idée lumineuse. Au lieu de répartir les redoublants dans les différentes classes, histoire de dissoudre la médiocrité dans le nombre, il décide de les rassembler dans une classe unique : redoutable. Ça signe le début des trois plus belles années de ma vie. Les fêtes, les boîtes de nuit, les premières filles, les vrais copains : des Bourguignons.

Le jour du bac arrive, l'écrit se passe plutôt calmement, mais je suis trop juste, je dois passer les oraux. Ça ne m'empêche pas d'organiser la grande « java du bac » à la maison pour célébrer notre diplôme. France Télécom nous loue une magnifique villa avec piscine dans la banlieue chic de Dijon, l'idéal pour les fêtes. Isabelle, qui a deux ans de moins que moi et qui, elle, a eu son bac du premier coup, invite ses copines à la sauterie. C'est une fête terrible, on chante à tue-tête et sur tous les airs : « On a le bac, on a le bac... » Le problème c'est que moi, le bac, je ne l'ai pas : je dois passer l'oral le lendemain.

Je suis convoqué à l'examen en fin de journée (je suis dans les derniers, mon nom commence par S) et c'est l'oral de maths. Il est dix-sept heures, je suis là face au tableau, avec ma craie qui s'émiette, encore légèrement fatigué par la fiesta de la veille. Je sèche sur une équation, une simple pourtant. Je les reconnais, moi, les profs qui ne vont pas tarder à s'énerver, j'ai un sacré entraînement, et là, je suis formel : ça va péter. Il me presse d'avancer, il souffle, il soupire, il parle tout seul, il est exaspéré ! Je suis assez étonné qu'il prenne tout ça à cœur, et tout d'un coup, il se met à quasiment me dicter les réponses : il veut en finir.

Une fois l'équation digérée par ses soins, il me balance : « Bon allez, dépêchons-nous, il vous faut quelle note pour avoir le bac ? »

Je réponds : « 10, je crois. »

Il me met un 10 et il plie les gaules, quitte la salle ! Il trottine sur le trottoir, je suis derrière, il se retourne et me lance : « France-Angleterre commence dans un quart d'heure. Je ne pouvais pas rater ça ! »

Et voilà comment je suis arrivé jusqu'au bac. Le premier match de l'équipe de France du Mondial 82 a été la première manifestation tangible d'une chance inouïe, le genre de chance sur laquelle il vaut mieux quand même ne pas trop compter sur le long terme.

Au pied du mur, diplôme en main, on décide donc, mon père et moi, et d'un commun désaccord, de cesser de nous battre pour vérifier à nouveau si je suis capable de suivre un quelconque cursus. J'en ai enfilé, des bulletins scolaires : vingt-sept ! Un record, chacun d'entre eux souligne avec style mon inadaptation chronique à l'enseignement scolaire. Bien plus tard j'ai fini par comprendre : ma tête est ronde, façon nuage, pleine de poèmes et de textes à pleurer, et tout le monde s'est acharné à essayer d'y faire rentrer des carrés, de méchants triangles rectangles et leur chapelet de sinus, de cosinus ou de tangentes. L'Éducation nationale n'y est pour rien, elle ne m'a simplement jamais appris à apprendre. C'est pourtant rentré dans le crâne de mon père, de Daniel, mon frère aîné, ingénieur aussi (Arts et Métiers), et de ma petite sœur (qui s'est tapé un MBA de finance à Washington). Mais moi, rien. Ça n'est jamais rentré. Quelque chose a pris toute la place libre dans ma tête, rien ne rentre, rien ne reste, à part des mots, les chansons et les poèmes. On dirait que ma mère a deviné, elle est la seule à me soutenir, à m'excuser, et même peut-être à me comprendre. Mon père lui décide qu'il est urgent que j'entre enfin dans le monde du travail.

Adolescent, je rêvais d'un boulot cérébral, de bureaux feutrés, de secrétaires mutines et disponibles. Ce sont les Bâtiments et Travaux Publics qui m'ouvrent leurs bras. La sueur, la boue, les cris, l'attente dans des baraques pas chauffées, un monde de silence sourd et de fracas linéaire ; ce monde devient un peu le mien. Les journées commencent à six heures et demie. Une heure pour nous préparer, sortir les outils, réveiller les muscles encore durs et douloureux du travail de la veille, réviser les machines, connecter les tuyaux hydrauliques bourrés d'une huile jaune et lourde qui laisse les ongles noirs. Mon grand-père me disait : « Si tu as les ongles propres et les souliers cirés, tu traverseras la vie. » Le soir, en frottant fort le bout de mes doigts avec de la pâte Arma, je pense à lui qui a traversé un siècle, deux guerres, la Résistance, la peur et la faim avec les ongles propres et les souliers cirés, en tout cas au moins le dimanche. Quatre heures trente de travail suivent les préparatifs. Si le temps le permet, on plonge vite au fond de la tranchée et on s'y relaye pour quinze à vingt minutes chacun de forage horizontal. Il n'y en a pas beaucoup, des métiers qui s'impriment dans les yeux, les poumons et les muscles. Le mien il reste même au fond des os, la nuit ils vibrent encore, ils protestent. À onze heures c'est la pause, elle arrive tard, mais elle nous permet de nous retrouver, égaux, devant la fatigue, l'odeur et la lassitude. Nos discussions, assis sur des palplanches d'acier, me font découvrir le Maroc, la Tunisie, l'Algérie ou le Portugal, mais aussi la malchance, la colère, la résignation, la pauvreté et l'espoir.

J'écoute les histoires de mes compagnons, qui commencent presque toutes par « là-bas ». Le passé c'est du chiendent, impossible d'en flinguer les racines, même en tapant fort. Ils me racontent aussi les foyers Sonacotra, et les minables manifestations d'un racisme normé qui explique probablement pourquoi les banlieues pètent, à la surprise de ceux qui en ignorent l'existence. J'ai mesuré bien trop tard ce que m'ont appris Azouz, Ali, Manu et les autres. L'importance de ces moments où, les machines endormies, nous pouvions échanger quelques mots sans hurler. Comment leurs histoires ont ancré en moi, bien plus efficacement que tous les livres du monde, la conviction que nos différences sont notre chance.

Trente minutes plus tard, on doit redescendre, le temps de retrouver nos casques (que l'on n'échange jamais) et de nous accorder sur le nom de celui qui va creuser le premier. Je ne comprends pas comment Azouz arrive à garder son casque sur la tête, même plié en deux dans un boyau d'un mètre cinquante de haut. Les soubresauts du marteau-piqueur finissent toujours par le faire tomber dans les dix centimètres d'eau bactérienne dans laquelle on patauge. En temps normal, mettre un casque sur la tête c'est simple, mais quand il faut soulever le bastringue de métal, arracher la lame au rocher, la reposer en équilibre deux mètres plus loin, et remettre le casque sur sa tête avant de réengager la lame précisément là, au même endroit, le découragement gagne vite. Un jour quand même, pris de fureur, il l'avait transpercé de partout, à grands coups de marteau-piqueur. Depuis, son couvre-chef orange, aéré et orné d'éclats étoilés, provoque notre hilarité.

Dans le BTP, tout est trop lourd. Trop de kilos qu'il faut manier dans des positions dignes d'un *Kama-sutra* 2.0, les pieds dans la boue et dans un vacarme total. Il faut respecter vaille que vaille un planning réglé au poil, sous les ordres d'un chef de chantier écrasé de responsabilités qui essaie, dans un même cri, d'encourager et d'engueuler ses gars. Souvent il renonce à les emmerder, parce qu'il ne peut pas vraiment oublier les jours où c'était lui qui pataugeait en vain. Les outils sont leurs boulets, ils rappellent à mes camarades que les routes qu'ils enrobent ne mèneront pas leurs vies beaucoup plus loin et que les murs qu'ils montent les enfermeront dehors plus sûrement qu'un vrai délit.

Je gagne 3 000 francs par mois, c'est beaucoup, je suis heureux et je dépense sans compter. Je suis logé gracieusement par la grand-mère d'un pote connu à Dijon, l'un de mes meilleurs amis. Cette vieille dame a eu la bonne idée de détricoter ses derniers jours à l'abri de l'ennui pesant de cette petite ville de province. Dijon en 1982, c'est la seule grande ville française où les McDonald's sont interdits. Y travailler comme un animal y est pourtant permis et l'élection surprise de François Mitterrand n'y change rien.

Dans la cabane, Azouz lorgne sur mes fausses chemisettes Lacoste que je bricole le week-end en achetant des polos non griffés sur lesquels je fais coudre par la mère d'un copain les crocodiles que j'arrache en boutique sur les modèles originaux. Ignorant les subtilités de la mode, et malgré mes protestations systématiques, cette brave dame coud toujours les petits reptiles en plein centre, verticaux et… la tête en bas. Azouz trouve les chemisettes magnifiques, il me dit qu'avec ça « il ferait moins arabe ». Un soir, il me demande de l'accompagner dans la boutique, il veut s'en s'offrir une.

Nous entrons dans le magasin et nous demandons à essayer deux ou trois modèles. La vendeuse me suggère très poliment de passer les polos afin de trouver ma taille mais lorsqu'Azouz fait mine de se diriger vers la cabine d'essayage, elle lui lance : « On ne peut pas essayer ces articles. » Azouz lui fait remarquer qu'elle vient de nous le proposer. Elle chuchote alors bruyamment : « Monsieur, lui, est blanc ! » Azouz me regarde, il soupire et lance : « Viens, on part. » Je n'ai pas réagi. L'esprit d'escalier, un escalator en rade. Tous ces mots dans ma tête, toutes ces citations, tous ces textes, tous ces poèmes, et pas foutu de trouver les mots qui auraient donné un sens à ces lectures. La littérature, ce sont des tournures renversantes, des phrases ciselées, des formules à pleurer mais question travaux pratiques ça ne vaut pas un caramel.

Je n'ai pas reparlé de cet incident avec Azouz, j'ai démissionné quelques semaines plus tard alors que notre tunnel avait à peine franchi la moitié de la route. Je savais que je ne passerais pas ma vie aux côtés de mes collègues de chantier. Moi, j'étais né du bon côté de la mer, en 1963, à Marseille, tout juste peut-être, mais du bon côté. Je trouvais chaque jour ma présence auprès d'eux plus indécente. J'ai appris plus tard qu'après plus de deux mois de travail, le *big boss*, épuisé par les retards du chantier, leur avait « suggéré » de faire sauter une charge de dynamite en pleine nuit et sans autorisation préfectorale censée rendre la roche plus friable. C'était sans compter sur la vigilance légendaire de la SNCF qui, ayant équipé la voie ferrée toute proche de capteurs sismiques, se pointa un beau matin, un listing à la main faisant apparaître un séisme de force 8 sur l'échelle de Richter, séisme d'une intensité à ce jour encore inégalée dans la capitale bourguignonne.

J'ai grandi dans un immeuble de Marseille, sept étages vue mer, quatorze appartements et dix nationalités. Chaque famille avait la clef de l'appartement des autres. Pas de vol, pas de violence, des odeurs de cuisine plein la cage d'escalier et des sourires dans l'ascenseur. Je garde de ces semaines odorantes et courbées un étrange sentiment de révolte. Il se réveille parfois quand je suis trop proche du sommeil ou de l'oubli, ou lorsque je frôle un bonheur difficile à assumer. Pour Romain Gary, « il n'y a que la mort qui n'est pas à peu près ». Il a oublié l'injustice. Pour celui qui en souffre, elle n'a jamais rien d'à peu près.

« La bécasse c'est plus intelligent qu'un singe »

Libéré de cette activité laborieuse, je me mets en quête d'un nouveau job. L'été est là et je dois renflouer d'urgence un compte en banque totalement déprimé. Je trouve un poste de manutentionnaire dans un dépôt destiné à préparer et livrer les commandes passées par les épiceries et les supérettes de la ville. Ma première journée est consacrée à l'apprentissage du maniement des diables électriques sur lesquels nous chargeons les caisses et les colis qu'il faut regrouper sur des zones matérialisées par de grands carrés blancs dessinés au sol. Chaque matin, le chef de service nous remet une trentaine de listings que nous devons dérouler ligne par ligne en récupérant, dans l'immense entrepôt, chacun des articles répertoriés. Chaque employé a un rayon qu'il doit gérer, réalimenter et organiser. Ça a l'air de rien, mais par 35 °C, c'est compliqué. Mes collègues me laissent le choix entre le rayon des huiles et celui des sirops. Je ne sais pourquoi je choisis au jugé celui des sirops, peut-être que la chaleur étouffante de ce mois d'août me fait imaginer qu'en cas de grande soif je pourrai me désaltérer à l'œil. Je regrette rapidement ce choix, en m'apercevant que je dois, pour aller assez vite, charger les Fenwick de quatre caisses contenant six bouteilles chacune, soit douze bouteilles à chaque bras. Si j'avais suivi plus assidûment mes cours de chimie, je me serais souvenu que l'eau, et a fortiori le sirop, pèse plus lourd que l'huile. Personne évidemment ne pense à me rafraîchir la mémoire et je comprends hélas trop tard pourquoi le rayon des sirops est toujours le dernier attribué. Sur la porte des chiottes, une pancarte indique le temps maximum d'usage des toilettes. Quand le code du travail réglemente la constipation, c'est que la fin d'un monde est proche. Mes collègues me regardent du haut de leurs années d'ancienneté, presque fiers de leur résignation. Ils dévorent pendant la pause d'invraisemblables magazines dont le favori reste quand même *Chasse et Pêche*. Ils s'engueulent, souvent à propos de la meilleure tactique pour chasser la bécasse, un oiseau selon eux très difficile à tirer. Elle pourrait même, d'après certains, « être plus intelligente que les singes… ». Un jour, j'ai essayé de leur demander pourquoi on appelle également certains imbéciles des « bécasses » mais j'ai bien vu à leurs yeux que ma remarque tombait à plat, comme leurs carpes dans la vase. Il faut se rendre à l'évidence, la passion de la chasse ou de la pêche ne vous vient pas comme ça, elle se transmet de père en fils, comme l'absence ou le silence, d'ailleurs.

L'ambiance dans l'usine est poisseuse, il fait très chaud dans l'entrepôt, des gars en blouse bleue se déplacent à toute allure, agrippés aux diables électriques. Ils se croisent, se frôlent, comme des marsouins désorientés, parfois ils s'emplafonnent. Parfois aussi l'un d'entre eux fait tomber une palette entière. Pastis, farine, eau, sirop, qu'importe, quand ça tombe c'est de très haut, ça fait un vacarme énorme et c'est très dangereux. Vu ce que les gars boivent au déjeuner, c'est entre quatorze et quinze heures qu'il faut être très vigilant. Chaque soir, à la fin de la journée, à dix-sept heures précises, ils produisent dehors un spectacle étonnant. Les employés, la plupart à bicyclette, d'autres à pied, les yeux rivés sur une grande horloge accrochée au mur extérieur de l'entrepôt, posent précisément leurs pieds ou la roue avant de leur vélo sur une ligne jaune tracée au sol. On dirait les chevaux le dimanche à Auteuil. Ils attendent là, alignés au cordeau, les yeux rivés sur la trotteuse hésitante, fébriles, tendus. Ils attendent la sonnerie qui autorise les plus chanceux d'entre eux à vivre une chouette vie familiale. Personne ne bouge, personne ne parle, personne ne grappille la moindre seconde, peut-être même que personne n'y pense. La moiteur des entrepôts ça finit en buée, tout au fond du crâne, on ne voit plus les idées derrière le brouillard.

Mon salaire est inversement proportionnel au nombre de lignes de ma feuille de paye. Hélas, les heures supplémentaires ne sont pas autorisées à la Cogodip, pas moyen d'alimenter plus rapidement mon compte en banque, il prend l'eau de toute part. Fin juillet je quitte la société, elle a gravé en moi la certitude que je ferai toujours tout pour ne jamais poser ma roue sur une ligne jaune ou attendre qu'une trotteuse saccadée me donne peut-être l'autorisation de vivre.

« *On the road again* »

Mon banquier du Crédit Lyonnais porte une chemisette jaune, il sait qu'avec mon accord mon père m'a coupé les vivres. Il me téléphone. Il lui faut du « consistant », du « lourd », il me convoque donc à un « entretien personnalisé » pour être sûr « de bien se faire comprendre ». Je l'écoute vingt bonnes minutes, fasciné par sa chemisette et par le courage qu'il lui faut pour se préoccuper d'un type comme moi. Il me décrit ligne par ligne les débits surnuméraires imprimés en caractères gras sur son listing, et il conclut par surprise : « Que comptez-vous faire ? » J'aurais dû me douter que cette question allait arriver, mais comme je ne prépare jamais rien j'improvise au jugé ma réponse : « Je pars travailler aux États-Unis ! » Il faut croire que l'assurance avec laquelle je lui réponds le désarçonne. M. Greaubard, que j'appelle par erreur M. Grodard depuis trois ans à la grande joie de ses collègues, m'accorde deux mois de découvert supplémentaires. Il ne lui vient pas à l'idée de terminer cet entretien en anglais, c'est bête, ça aurait tourné au désastre et lui aurait révélé la triste vérité. Il me souhaite donc « bonne chance », avec quand même un brin d'inquiétude dans le regard. Il ne me faut pas plus de huit jours pour boucler mes bagages, et remettre en état l'appartement de bonne-maman qui, à la fin de mon séjour, ressemble à la planque de Ben Laden. Me voilà donc dans le Connecticut où ma marraine, émigrée là-bas depuis toujours, m'a trouvé un job de bûcheron dans sa station de ski.

Mon premier boulot consiste à raser la forêt environnante pour y créer de nouvelles pistes de ski. Après m'avoir vu crouler sous le poids du câble en acier que je devais arrimer à un arbre planté au fond d'un ravin, et compte tenu de la circonférence de mes bras, Bob, le chef d'équipe, un Hells Angel barbu et tatoué à mort, décide de me confier une mission un peu plus en rapport avec mes aptitudes physiques : repeindre en marron les quatorze pylônes d'un télésiège ! Le gars est malin, il a compris que ma présence sur cette zone ne ferait que ralentir le chantier, il me fournit donc un pinceau, un seau, une échelle et une ficelle. Si je travaille vite j'en ai pour deux ans ! J'abandonne après deux semaines et trois pylônes, après avoir été victime d'une attaque surprise de *wasps*, une espèce d'abeilles américaines survitaminées, tendance frelon, qui adorent nicher dans les tubes métalliques que je dois peindre. Je suis bouffi de piqûres et les gars, d'autres Hells Angels, sont hilares mais me prennent quand même en pitié. Leur accent est assez éloigné de celui de Mlle Farisette, ma prof d'anglais au lycée qui, elle, disait « *twenty* » en pinçant les lèvres et pas « *twaiiiny* » en faisant la moue. Bob me donne une semaine pour dégonfler et se met en chasse d'une nouvelle idée pour m'occuper. Sitôt remis sur pied, il me dégote un job de jardinier dans la villa d'un milliardaire voisin : Mike.

Mike a fait fortune dans les maisons de retraite. Chaque mois, il fait avec sa femme la tournée de ses établissements pour collecter les dollars qu'il arrache certainement par surprise à des vieillards trop lents. Chez Mike, il y a un robinet à Coca-Cola dans la cuisine, et la maison se nettoie toute seule. Ils dorment dans un *waterbed* japonais 24 bits/76 positions et bercent leur nouveau-né dans une balançoire électrique automatique. Mike, c'est l'Amérique à lui tout seul, en avance sur tout et tellement en retard sur le reste. C'est ma première occasion de côtoyer un riche, un vrai. Ce type a une passion : les engins de travaux publics. Il a fait construire en contrebas de sa villa un énorme hangar dans lequel il stocke ses jouets. Chaque matin, quand il n'est pas sur les routes à ramasser du pognon, après avoir bu un bon demi-litre de Coke et sanglé bébé dans sa balançoire électrique pour des heures de tic-tac, il sort une Jeep du hangar et se rend dans son « jardin » (en réalité, il possède la montagne entière). Sur place, il choisit un arbre, je ne sais pas comment d'ailleurs, et il l'abat, consciencieusement, à la tronçonneuse. Il retourne chercher une pelle mécanique avec laquelle il creuse un grand trou, là, juste au pied de l'arbre désossé. Puis il enfourche un bulldozer jaune vif, il pousse dans le trou l'arbre qu'il a préalablement pris soin de débiter en tronçons réguliers. Pour parachever son œuvre il déboule, casquette à l'envers, boudiné dans un T-shirt en lycra fluo, klaxon hurlant, au guidon d'un rouleau compresseur de dix tonnes. Il efface méticuleusement sur le sol les dernières traces visibles de la vie végétale. Sa journée est terminée, il a cramé deux cents litres de gazole et a enterré un arbre. Mon job ? Nettoyer ses engins. Il les réaligne au cordeau dans le hangar (qui est chauffé l'hiver) puis il rentre fêter ça au Coca. Le Coca, c'est un pays entier qui coule en jus noir, la puissance, la liberté, la foi, l'imagination et le pognon. Tout ça se mélange, ça les anime, les Américains, ça les pousse à agir vite et fort, ça renforce leur conviction qu'ils sont le monde. En Europe, ça marche moins bien, et moi ça me fait juste roter. Mike débranche enfin son fils qui gigote toujours au milieu de la pelouse. Ce gamin a été bercé automatiquement trois à quatre heures par jour pendant les deux premières années de sa vie ; à l'heure qu'il est, il est sûrement auditeur chez KPMG. J'aime bien Mike, il est gentil avec moi, il ne me révolte pas, il brûle ses dollars comme d'autres vont prier, tant d'innocence ça force le respect.

« Ne le secouez pas pendant qu'il calcule »

Quatre mois plus tard, rentré en France, je rembourse rubis sur l'ongle mon découvert au successeur de M. Greaubard, un autre cadre dynamique du Crédit Lyonnais lui aussi vêtu de chemisettes jaune pâle. Avec l'argent gagné aux États-Unis et avec l'aide de mon père qui a décidé de cesser d'essayer de me comprendre, je décide de revenir dans le rang et de m'inscrire dans une école. Je n'ai aucune idée de ce que je veux apprendre, à part la pub peut-être. J'ai toujours eu plein d'idées de phrases à la con. Quelqu'un pourrait me rémunérer pour trouver de chouettes slogans pour tout un tas de marques qui pourrissent la planète et nous rendent malades. J'avais déjà soumis cette idée à mes parents deux ou trois ans auparavant mais leur diagnostic était tombé sèchement : « Dans la pub, il n'y a que des loups. » Il faut croire qu'ils ne me pensaient pas capable de naviguer en eaux troubles au milieu de requins publicitaires, un pur destin moutonnier leur paraissant plus adapté à mon inadaptation chronique.

N'ayant aucune idée de ce que je pourrais faire, j'épluche la liste des enseignements privés disponibles, par ordre alphabétique. « G », « Gestion », je n'ai jamais su compter, « H », « Hôtellerie » pas pour moi, « I », « Informatique » ? J'entends ce mot depuis toujours, je n'ai aucune idée de ce dont il s'agit mais ça sonne bien. Je n'associe évidemment à aucun moment cette discipline à ce qu'on appelle un « ordinateur ». Le concours d'entrée est redoutable : il faut envoyer un chèque. Mon père m'aide, je suis admis, et j'en suis presque fier. Le jour de la rentrée, c'est le choc. Moi qui ai eu la plus mauvaise note de maths de toute l'académie Bourgogne / Franche-Comté, au milieu d'ordinateurs je frise le ridicule.

L'ESI (École supérieure d'informatique) est située à Montreuil. C'est une école privée qui forme des programmeurs, des analystes-programmeurs mais aussi des ingénieurs. Les cours sont très théoriques, il s'agit de comprendre le fonctionnement de base des ordinateurs et les principes de programmation. L'école est fréquentée par de nombreux étudiants africains et l'ambiance est très décontractée. À la question générale du prof principal à la rentrée : « Qui a déjà utilisé un langage ? » (de programmation, cela va sans dire), un élève africain hilare lève le doigt et répond : « Le lingala. »

L'année commence bien. L'essentiel de l'enseignement se fait en réalité au travers de livres qu'il faut acheter et digérer. L'emploi du temps est très light et plutôt bien foutu, j'ai beaucoup d'heures libres. Ces horaires me permettent de trouver le job qui va financer ces deux années d'études.

Le Crédit Lyonnais (c'est un hasard total !) sous-traite à l'époque à une compagnie privée la distribution de son courrier interne. La société doit donc recruter de jeunes chauffeurs. Le job est bien payé, mon travail, plutôt sympa, consiste à passer avec une régularité de métronome appliqué dans chacune des agences qui me sont attribuées, à y répartir le courrier et à le ramener le soir au dépôt situé rue du Quatre-Septembre. Ce qui justifie le salaire confortable et la bienveillance des chefs, c'est l'horaire de début des tournées : cinq heures du matin. Les chauffeurs, dont certains ont des siècles de maison, m'initient au café d'en face à peine ouvert. Ils me font découvrir la tradition du « café calva ». Le jeu consiste à s'envoyer dès cinq heures moins le quart trois ou quatre tasses de café entrecoupées chacune d'un shot de calvados ! Les premiers kilomètres parcourus dans un Paris désert ne sont pas parfaitement rectilignes et, quel que soit le temps, les pare-brise se couvrent d'une drôle de buée.

Je parviens ainsi à travailler cinq à six heures par jour tout en suivant mes cours, mais je dors peu, très peu en fait. Je parcours quarante-cinq mille kilomètres dans Paris au volant de ma 4L F6. Je bondis d'agence en agence, de celles déjà braquées à celles encore à dévaliser. Je transporte dans mon coffre des trésors d'information, des sommes folles en liquide (qui sait ?) et peut-être les preuves implacables de tous les trafics et de toutes les turpitudes dont les gens sont capables quand un billet pend à portée de main. Aucun des employés des agences visitées n'imagine que je suis étudiant, ce job étant d'habitude réservé à des chauffeurs pro, et je mesure chaque jour le mépris que sont capables de tricoter quelques-uns des petits employés d'agence envers de plus petits qu'eux encore. Un soir, en fin de tournée, je poireaute debout devant une mémère qui essaye de se connecter depuis son ordinateur grisâtre. Elle peste contre « ce putain d'ordinateur » qui a décidé de ne plus reconnaître son mot de passe. Dix minutes qu'elle tente de le taper, dix minutes qu'il est refusé et dix minutes que je suis là sans qu'elle m'adresse le moindre regard. Je le vois bien, moi, que son clavier est verrouillé en majuscules, une petite lumière l'indique. Elle pourra le taper toute la nuit, son mot de passe (qui doit d'ailleurs être le nom de son yorkshire), ça ne marchera jamais. Quand je tente de saisir le clavier en lui expliquant le problème, elle me regarde, effarée, son fond de teint se fissure et elle me lance : « Mais vous êtes complètement con, ne le secouez pas pendant qu'il calcule. »

De cette période, je ne garde ni réel souvenir ni ami, j'étais trop absent pour apprendre et trop fatigué pour partager. En revanche, je découvre le monde de l'informatique, et j'apprends à programmer. J'adore ça. Je cours tous les samedis après-midi dans les premières échoppes parisiennes qui commercialisent des « micro-ordinateurs ». ZX81, Oric, Spectrum, Commodore 64, je les teste tous et j'en achète certains. Je passe mes soirées à programmer, des jeux, des tris (!), et surtout un dictionnaire de rimes qui me pond tout seul des poèmes colorés que je garde précieusement pour le jour où par hasard je croiserai une fille que je pourrais aimer. Je me souviens quand même de la rentrée de deuxième année, lorsque le directeur de l'école, un play-boy cinquantenaire, se présente à nous pour le discours d'ouverture. Il a le visage ravagé de cicatrices qui relient méthodiquement le haut de son visage à son menton. Certaines sont à peine refermées, d'autres encore tendues d'inquiétants fils noirs. Ses yeux clairs ne sont plus vraiment à la même hauteur, le bout de son nez a disparu et la structure de son visage surnage uniquement grâce au talent du chirurgien en charge de gommer le désastre. L'explication nous parvient quelques semaines plus tard. Le directeur a cru bon de profiter de son physique avantageux pour séduire de nombreuses compagnes. L'une d'entre elles, légitimement furieuse et plus entreprenante que les autres, décida donc, en guise de représailles, de lacérer le visage de son amant pendant son sommeil à l'aide d'un coupe-chou. Une femme bafouée, c'est une bombe à fragmentation, il ne faut pas jouer avec.

Après deux ans sans sommeil arrivent les examens de fin de premier cycle. Je dois réviser une dizaine de matières. La plus cocasse : la programmation « en assembleur » (le langage de base des microprocesseurs) sur un IBM 370. Le monstre de technologie pèse plusieurs tonnes, il trône dans la salle la plus prestigieuse de l'école. Il est bleu azur, consomme l'électricité d'une ville de province et se programme à l'aide de cartes perforées. Le problème posé pour l'examen consiste à faire calculer au monstre « la racine carrée du nombre π ». On se demande bien à quoi cela peut servir mais on obtempère. Cette opération peut être effectuée à l'aide d'une calculette de base, sauf que sur le monstre bleu elle demande aux uns et aux autres de longues nuits de réflexion et de perforation frénétique.

L'examen commence à neuf heures du matin. Nous faisons la queue, notre paquet de fiches en carton serrées sur le cœur. Au premier coup d'œil, on voit bien que les méthodes employées ont été diverses. Certains suent sous le poids de deux à trois cents fiches et d'autres se ventilent avec les dix ou douze cartes censées aboutir au même résultat ! L'examinateur, un gars à moustache vêtu d'une blouse bleue, est visiblement inquiet. Il place les piles de cartes dans un lecteur de la taille d'un joli frigo. Puis, les yeux rivés sur sa console, il appuie sur la touche [RUN]. La plupart du temps, après avoir digéré bruyamment les cartes, le monstre ne bronche pas, rien. On a beau scruter l'écran noir où est censé s'afficher le résultat, rien ne s'allume, rien ne bouge. L'employé semble alors soulagé et donne une note largement au-dessus de la moyenne. Après quelques digestions plus ou moins copieuses toujours sans résultat, nous comprenons que l'employé d'IBM a élaboré une méthode de notation basée sur l'observation empirique des promotions précédentes. Si la casserole bleutée ne tombe pas en panne après le passage de la dernière carte de chaque lot, il donne une note au-dessus de la moyenne. Si, par extraordinaire, un ou deux pixels de l'écran prennent vie, la note peut atteindre 18 ou 19. Mais lorsque la dernière lecture bloque le monstre qui se met alors à clignoter de partout, la sanction tombe immédiatement sous la forme d'une note proche du zéro qui reflète la mauvaise humeur du gars qui doit plonger sous le capot brûlant pour remettre en marche le bastringue américain. Après deux ans d'études, les meilleurs d'entre nous réussissent donc à allumer quatre ou cinq pixels vert pâle sur un écran noir, promesse d'un avenir professionnel hors norme qui, après trente-six annuités et demie de cotisations sévères, les propulsera vers une retraite méritée financée par des générations futures et surendettées. Moi je n'ai rien allumé du tout mais j'ai quand même épargné à IBM une énième séance de mécanique quantique pour redémarrer son armoire métallique.

Un stage en entreprise doit clôturer mon diplôme d'analyste-programmeur. Je balance un tas de lettres dans la nature. Seules les Galeries Lafayette et la FNAC m'accordent des entretiens. La FNAC ne veut pas de moi, les Galeries oui. Une fois sur place, je découvre l'ampleur des dégâts : je suis chargé de réécrire les programmes de gestion des stocks des magasins en « PL1 », un langage informatique franchement incompréhensible. Je me vois mal cohabiter avec les poussiéreux rébarbatifs du service informatique, là-haut, sous les combles du grand magasin ! J'appelle mon père au secours. Par chance, il connaît un France Télécom qui connaît un gars qui connaît Edmond qui a monté une entreprise de « télématique ». À l'époque, ce mot ne signifie rien du tout. Je comprends en arrivant dans ses bureaux qu'il s'agit de développer des programmes pour un appareil bizarre produit à quelques milliers d'exemplaires : le Minitel. L'ambiance qui règne chez Énergie-Videotex est incroyable. Ça tient déjà de la start-up, addictive et festive, sans hiérarchie ni contrainte inutile. Une quinzaine de génies sympas usinent, clope au bec, dans un local enfumé. Personne ne compte ses heures, on est scotchés à nos machines. On développe des programmes d'« horoscopes chinois », un jeu d'échecs, des « recherches multicritères » dans des bases de données de recettes de cuisine et même de la RAO (les rencontres assistées par ordinateur), un truc inventé par Edmond, le boss. On programme en C sous UNIX, on tient le coup en se faisant livrer des pizzas qu'on arrose souvent à la vodka au poivre quand on doit y passer la nuit. J'ai vingt ans et je sais que j'ai trouvé ma voie, au moins professionnellement.

Les locaux d'EV sont situés à Boulogne-Billancourt. Je squatte à proximité, chez Eva, ma première petite amie. Les possibilités du Minitel nous paraissent infinies. Malgré un débit lamentable, il est capable de transmettre du texte, des bips et de jolies images pixellisées en huit nuances de gris. La révolution est en marche. France Télécom vient de distribuer quelques centaines de ces terminaux à Versailles, Vélizy et Villacoublay. Les services sont rudimentaires mais tellement nouveaux. EV est chargée de publier l'annuaire des services Télétel pour le compte de France Télécom. Les premiers mois, notre secrétaire se contente de taper une liste de codes d'accès triés par ordre alphabétique sur une page unique qui est ensuite injectée dans le réseau. En 1983, le Google du Minitel recense deux cents services ! Mon premier job consiste à participer au développement d'un jeu d'échecs en ligne. Le problème, c'est que chacun des joueurs peut déplacer ses pièces n'importe comment sans suivre les règles car l'écriture d'un algorithme de contrôle des mouvements dépasse encore nos capacités de programmeurs. Pour éviter la triche ou les erreurs, on décide d'ajouter la possibilité d'envoyer un petit message, façon SMS, à l'adversaire pour le prévenir ou le sermonner. Sans que l'on comprenne bien pourquoi, ce jeu d'échecs rencontre alors un incroyable succès. Impressionnés, les dirigeants de France Télécom nous demandent d'organiser une démonstration à l'intention de leurs partenaires anglais, British Telecom. Les Anglais se demandaient à l'époque si le Minitel pourrait marcher chez eux. Ils débarquent donc pour assister à une partie « en *live* », accompagnés des pères du Minitel et d'autres sommités fonctionnarisées. Edmond se lance dans une présentation particulièrement lyrique du système. Il insiste sur la convivialité apportée par l'échange des petits messages, censés faire progresser le niveau de jeu national. Tout se passe à merveille jusqu'à ce qu'un Anglais bilingue et borné décide d'entrer dans la danse. Il défie au hasard un joueur libre dans la liste et déplace son premier pion. Le duelliste, qui joue à des kilomètres de nous, reste coi. Notre Anglais demande à Edmond d'envoyer un message de relance. Sûr de son effet, Edmond lance :

— Vous allez voir, il va nous parler d'une ouverture espagnole ou d'une défense indienne !

La réponse ne tarde pas :

« Michel, très bien monté, cherche jument libérée pour chevauchées sauvages »…

Rires gênés des Anglais, visiblement très intéressés par ce système « *so frenchie* », sueur au front des France Télécom, hilarité des jeunes troupes d'Edmond et impatience grandissante de Michel, laissé en rade sans sa jument ! Il ne nous faut pas longtemps pour conclure que les connectés ne se donnent même plus la peine de bouger les pièces. Seule la fonction « messagerie » les intéresse pour des dialogues torrides en *one to one*. On vient d'inventer par erreur la première messagerie *online* et, évidemment, on n'en mesure absolument pas le potentiel commercial. Des centaines d'ingénieurs, des dizaines de programmeurs, des millions d'investissement, du pur concentré d'intelligence mis en musique par nos meilleurs polytechniciens, le fleuron de la technologie française, la perle des réseaux, tout ce vacarme au service de Michel en recherche active de jument. Un rien abattus, les gars de France Télécom rentrent plancher sur un projet de charte censée éviter ce type d'usage. Elle finira par voir le jour mais n'empêchera pas, quelques années plus tard, les messageries roses de générer 40 % des revenus du Minitel.

Je suis dingue de mon boulot et gagne 9 000 francs par mois. Je renonce à poursuivre mes études ; je ne retournerai pas à l'ESI. Je ne serai jamais ingénieur, et de toute façon il en faut bien un pour briser la tradition familiale. Je ne suis pas un très bon programmeur, j'ai trop d'idées, je vais trop vite, je pars dans tous les sens, je ne suis pas concentré, pas efficace et pas organisé, mais Edmond a du flair : il me propose un job dans le marketing. Ça fonctionne, je trouve des idées pour promouvoir nos services, le business marche vraiment. Du coup, un beau matin, je me poste devant Edmond avec des yeux de merlan frit et je lui réclame 10 % des actions de sa boîte, là, comme ça, au débotté ! Il n'en revient pas et me demande si je suis encore bourré. Je lui réponds que c'est lui qui m'en a donné l'idée, je l'ai entendu hurler à sa femme au téléphone : « Dans la vie, les places, elle ne se donnent pas, ELLES SE PRENNENT !!! »

Il me rit au nez, et évidemment, il refuse…

« CTB, SA au capital de 250 000 francs hors taxes »

C'est grâce à Edmond que j'ai su ce que je voulais faire. Il m'a montré la voie : je serai chef d'entreprise ! Le déclic est né le jour où je l'ai vu, sur son Apple 2, accéder aux chiffres de la société grâce au premier tableur : Visicalc. Protégés par un mot de passe, ces chiffres, affichés en jaune sur son écran noir, qu'il lit avec ses (gros) sourcils froncés, résument par magie tous nos projets, nos nuits de travail, la liste de nos clients et les conséquences inattendues de nos erreurs ! Je ne m'explique toujours pas pourquoi le déclic m'est venu, cette scène est pourtant anodine mais ça s'est passé comme ça. À l'époque, je suis certain que le Minitel va exploser. Journaux, magazines, radios, tout le monde va vouloir son 3615. Nous sommes en 1985, j'ai vingt-deux ans et je suis à Dijon. Je dois jouer au tennis avec un copain, mais il est malade, il me propose de jouer contre son père ! La partie terminée, je prends un verre avec celui qui deviendra mon premier actionnaire.

Assis à la terrasse du club, il me demande :

— Qu'est-ce que tu fais, toi ?

Je réponds au jugé :

— Je monte une boîte !

— Ah oui, et dans quel domaine ?

— Dans la télématique.

J'explique mon idée, il m'écoute…

— Je crois que beaucoup de gens vont vouloir lancer ou éditer des services Minitel. La presse par exemple, si elle ne s'adapte pas elle perdra une grande partie de son business qui partira *online*. Les petites annonces, la météo, et pourquoi pas les news elles-mêmes ? Alors, je crois que si on se spécialise dans le développement sur mesure de serveurs Minitels, les clients vont débouler…

— Je ne comprends rien à ton truc mais ça a l'air super, j'investis avec toi, si tu veux. C'est quoi ? Une SA, une SARL ?

Je suis pris de court, je lançais un peu ça comme ça, pour faire le malin ! Je bredouille au hasard « une SA », ça ne l'inquiète visiblement pas plus que ça, il conclut par un :

— Envoie-moi les statuts, on voit et on en parle.

Pourquoi ai-je répondu ça ? Pourquoi a-t-il dit oui ? Pourquoi ce pote était-il malade ce jour-là ? Je ne sais pas. Et s'il avait plu ? Ça aurait été quoi, mon chemin ? Ils sont dingues, ces carrefours que la vie glisse sous nos pas : sitôt la sortie choisie c'est une route de vie qui naît et des tas d'autres qui meurent, avec leurs rencontres, leurs mots, leurs silences, leurs joies et leur peine souvent servie au litre, d'ailleurs. Me voici donc bombardé futur P-DG, moi qui suis tellement sûr de moi que je mets un « ? » après « c'est hors de question ».

Je ne sais alors pas comment on crée une boîte. J'apprends qu'il faut sept associés et 250 000 francs pour le capital (seuls 50 000 francs sont nécessaires tout de suite). Je ne les ai évidemment pas. Une nouvelle fois, j'appelle mon père et je lui explique mon idée. On est en 1985 et personne ne sait ce qu'est une start-up, personne n'utilise le mot « entrepreneur », on dit encore « patron » avec tout ce que ça véhicule d'injustice, de lutte des classes et d'hypothèques liées à des emprunts sournois. Mes grands-parents paternels étaient pauvres. Pendant les années noires, entre 1942 et 1945, mon père vit l'Occupation, il voit les combats de résistants et les représailles... Il connaît la peur, celle de perdre son père susceptible d'être arrêté à tout moment à cause de ses opinions politiques et de son action dans la clandestinité. Et puis il connaît la faim. Mes grands-parents ne peuvent plus le nourrir et à dix ans il doit quitter le domicile familial pour vivre auprès d'un fermier qui, lui, le pouvait. Le curé de Saint-André-les-Alpes, un petit village de Haute-Provence, remarque mon père, il décèle des capacités remarquables et lui obtient une bourse pour qu'il puisse continuer ses études, loin de son village, de ses parents et de son fermier. Je ne sais pas comment il a vécu cette période, lui le fils unique idolâtré par sa mère, arraché à ses parents à dix ans pour vivre d'abord aux côté d'un vieil agriculteur dans une ferme isolée puis expédié en pension dès sa cinquième. Après cinquante-deux ans de silence, il me raconte cette histoire, les yeux humides, et je crois avoir entendu dans un souffle : « C'est à ce moment que j'ai décidé de ne plus rien ressentir. » Mon père a une énorme volonté, quand il décide, il exécute. Il a assisté de loin à mon naufrage scolaire mais ce jour-là, chose incroyable, probablement influencé par ma mère, il accepte ce choix insensé, le premier pas de ma vie d'entrepreneur. Il me prête les 20 000 francs dont j'ai besoin. Je vais mettre quinze ans à pouvoir les lui rendre.

J'ai l'intuition que le Minitel va vraiment décoller en France ; malgré un débit ridicule et un écran format montre à quartz, il permet de réaliser un nombre ahurissant de tâches ! Réserver un billet de train, consulter des annonces, rencontrer, lire la presse, etc. Beaucoup d'entreprises vont devoir se digitaliser, il va falloir faire appel à des sociétés spécialisées dans le développement informatique de services Minitel, la demande va être énorme. Je n'avais pas tout à fait tort, mais j'ai vu l'arbre et pas la forêt ! Développer pour le compte des autres, c'est un boulot de chien, mal payé et pas gratifiant, la mine d'or était un peu plus loin, juste à côté : éditer ses propres services Minitel et empocher les redevances versées par France Télécom… En gros, bosser pour soi !

Il nous faut des locaux pour créer la société et y installer nos premiers ordinateurs et nos premiers programmeurs. La salle de billard de la magnifique villa de mon actionnaire fera l'affaire. Une « raison sociale » (ça lui aurait fait mal au cul, à l'administration, d'appeler ça un « nom »). Mon actionnaire insiste, la boîte est à Dijon, il faut qu'il y ait « Bourgogne » dans le « nom ». Pas facile à porter pour une start-up ça mais bon, on se creuse les neurones. Ce sera finalement CTB, pour Communication Télématique Bourgogne. Ça décoiffe à mort. Je vis toujours chez Eva à Paris mais je loue une chambre de bonne à Dijon où je dirige ma pseudo-société. Je fais presque tous les jours l'aller-retour en TGV, planqué dans les chiottes ou déguisé en militaire pour ne pas payer de billet.

En parallèle, je termine mon préavis de trois mois chez EV. Un midi, la secrétaire d'Edmond jette à la poubelle, au pied de mon bureau, une grosse enveloppe ouverte. Je jette un œil, ça vient de la Côte d'Or. Ça m'intrigue et je regarde de plus près. J'apprends que *Le Bien Public*, le journal local, lance un appel d'offres pour la mise en route de son serveur Minitel ! Ça n'intéresse pas Edmond, il est débordé, il explose de boulot, et n'a ni le temps ni les ressources pour ça. Pourquoi ne pas me mettre sur les rangs ? Mon associé est très introduit dans la société locale, il plaidera notre cause auprès du Baron, le propriétaire du journal. C'est une chance inouïe, une de plus. Je décide donc de piquer l'enveloppe kraft et de me lancer. La quasi-intégralité du capital est engloutie dans l'achat d'un Macintosh 128 Ko, sans disque dur mais avec une imprimante, à aiguille.

Je passe trois jours et trois nuits à rédiger ma première réponse à un appel d'offres. Je jongle, ahuri, entre le HT et le TTC, je dessine d'improbables schémas techniques, j'invente des fonctionnalités impossibles à développer mais qui en jettent, je décris l'intégration des multiplexeurs X25 et des synchronisations en TTY asynchrones. Le délai pour remettre mon dossier expire à minuit. Je suis en retard à cause de l'imprimante qui rame grave. Le dossier terminé, je saute avec Luc, mon vieux pote, dans ma R5 TS en ruine et je fais un Paris-Dijon sur les jantes. On arrive en retard mais on parvient à convaincre le veilleur de nuit du *Bien Public* de faire en sorte que sa signature valide notre bonne foi et camoufle notre mauvais timing. Deux mois et trois rendez-vous plus tard, j'emporte mon premier marché au nez et à la barbe d'une concurrence inexistante ! Premier marché, premières emmerdes. Le baron Thénard, malin et méfiant, décide de venir visiter mes locaux avec son équipe avant d'officialiser la commande. Il a nommé au poste de « patron de l'innovation » un vieux monsieur aux cheveux neige. Soixante-dix ans environ, ancien ami du chanoine Kir (le célèbre inventeur du cocktail, décédé en 1968). Autant dire qu'en télématique le Baron nous a collé un vrai geek. La visite doit avoir lieu après le déjeuner. C'est la panique.

Au sous-sol de la villa, il y a une immense table de billard et mon unique recrue, Luc, mon meilleur ami, qui sort, lui, de l'ISG (Institut supérieur de gestion), la seule école de commerce qui a déposé le bilan. Je me bombarde P-DG en charge de la technique et lui devient DG. Il est en charge du commercial et de la gestion, une évidence vu l'intitulé de sa formation. On mesure rapidement, hélas, nos lacunes respectives. À commencer par celle qui me concerne : je ne suis pas un très bon programmeur et notre unique ordinateur n'a pas de disque dur ! Lui fait imprimer quarante-cinq ramettes de papier à lettres avec le logo de la société, un féroce penseur de Rodin, un rayon noir lui traversant la tête et ressortant en arc-en-ciel de l'autre côté. Une fortune à imprimer à cause des quatre couleurs. En haut à gauche, il a inscrit l'adresse du siège social, et en bas le SIRET et le capital de 250 000 francs… hors taxe ! Deux salariés, ça va faire court pour la visite du Baron. J'appelle tous mes potes, surtout ceux qui ont des ordinateurs. Je leur demande de venir avec leur machine sous le bras et de rester deux heures au bureau pour jouer les salariés. On a quand même une ligne de téléphone à la CTB mais quand il sonne, c'est soit la maman de Luc soit la mienne qui appelle.

Pendant la visite du *Bien Public*, Luc court à deux ou trois reprises à la cabine téléphonique du coin de la rue pour faire sonner le téléphone que je décroche d'un air agacé. Au troisième appel, mon DG pète un câble, il décide de passer un appel « international ». Je décroche une fois de plus devant le Baron et ses sbires, et j'entends « *Hello it's Luc from New York* ». Je ne m'explique toujours pas comment je réprime mon fou rire, le Baron et le copain du chanoine n'y voient que du feu, un miracle. La visite se termine enfin, le marché est confirmé, il y en a pour un million de francs. UN MILLION DE FRANCS ! Je n'arrive pas à imaginer ce que ça représente, alors je compte en Ferrari (pour moi c'est l'objet le plus cher au monde).

Impossible de développer un serveur Minitel sur mon Mac. Il me faut une grosse bécane qui tourne sous Unix. Ça coûte 300 000 francs pièce. Impossible à financer seul et, grosse boulette, j'ai oublié de demander un acompte au *Bien Public*. Je suis dans l'impasse, à son tour Luc est consterné. J'ai une idée, je propose à Motorola, un des rares fournisseurs présents en France, de m'équiper gratuitement, promettant en échange d'acheter chez eux, trois ans durant, mes prochaines machines et celles de mes clients… si j'en trouve. Interloqué par mon culot, Motorola France m'envoie deux commerciaux américains en costume cravate, attaché-case au poing, qui débarquent du TGV sur les coups de midi. On les embarque dans ma R5 pourrie, direction le restaurant, où je commande un lapin à la moutarde. Je n'ai jamais su manger ça, moi, le lapin. Évidemment, il me saute sur le râble. Et c'est couvert de sauce moutarde que j'entame la première négociation de ma vie dans un anglais étonnant.

À la fin du repas, je tente un :

— *Excuse me but I have to change my clothes…*

J'entasse les deux commerciaux à l'arrière de la R5, Luc à la place du mort, mais au premier feu, un camion brûle l'orange et défonce l'arrière de la voiture. Pas de blessés, tout va bien. Je zappe le constat, rassure mes deux invités qui commencent à être un tantinet surpris par leur journée, et je grimpe quatre à quatre vers ma chambre de bonne. À l'époque, dans mes placards, j'ai en tout et pour tout UN costume et UNE cravate sauf que là, elle est couverte de sauce. Le retour à la chambre de bonne est donc une idée sans queue ni tête, vu qu'au mieux je vais pouvoir enfiler une chemise propre. Je lance un regard panoramique sur mon intérieur et, par chance, je découvre un vieux peignoir bordeaux abandonné dans un coin par le propriétaire. La ceinture en éponge que j'arbore au retour en guise de cravate fait passer un nouveau nuage dans les yeux des Motorola. Nous voilà repartis vers le siège de CTB. Pour économiser de l'essence, j'ai pris l'habitude de couper le moteur cent mètres avant l'arrivée au bureau et de finir en roue libre pour me garer à l'inertie sur le trottoir. Vu le retard accumulé, cette fois, je coupe le moteur encore plus tôt et, pour gagner quelques secondes supplémentaires… j'enlève la clef. Le NEMAN se bloque et la R5, au lieu d'atterrir en douceur sur le trottoir comme d'ordinaire, s'encastre dans le mur de la villa de l'actionnaire principal. On démoule pour la deuxième fois les deux commerciaux qui rentrent à Paris à toute vitesse, une fois la visite de CTB terminée, pressés de raconter leur journée. On n'aura jamais de Motorola à l'œil. Je dois donc me tourner vers ma banque préférée, le Crédit Lyonnais. Coup de bol, ils viennent de lancer leur célèbre campagne de publicité, « Le pouvoir de dire oui ».

Je leur annonce donc :

— Il me faut un ordinateur à 300 000 francs. Vous me dites quoi ?

Le gars du Lyonnais, visiblement briefé par la direction marketing du groupe, ferme les yeux et dans un souffle me répond « ben… oui ».

Le développement s'amorce moyen, je dois embaucher d'urgence un gars sachant programmer, moi, je n'y arriverai jamais !

Je contacte le directeur de l'université d'informatique de Dijon et je lui demande :

— Vous n'auriez pas parmi vos étudiants un gars qui sache programmer sous Unix et C ?

— Je ne vais pas vous mentir. Mes étudiants ne sont pas au niveau. Mais mon fils, lui, pourrait faire l'affaire.

Voilà comment je tombe sur François, un génie de l'informatique. À dix ans, il montait des cartes électroniques. À dix-huit ans, il a déjà inventé un genre de réseau Ethernet et des carcasses d'ordinateurs encombrent sa chambre. Prudent, je décide de le tester sur le développement d'un logiciel gestionnaire de fenêtres sur écran. À mon avis, il en a pour six à huit bons mois de développement. Le lendemain, son père m'informe que François a attrapé une hépatite. Il est cloué au lit mais promet de travailler depuis sa chambre. Il m'annonce qu'il aura peut-être un peu de retard. Là, du coup, je ne m'attends pas à le revoir avant quatre ans !

Dix jours plus tard, François m'appelle :

— C'est terminé.

— Quoi, tu es guéri ?

— Non, le gestionnaire multi-fenêtres.

Le soft est magnifique et ultra-performant. Je n'hésite pas trois secondes, je l'embauche. Et voilà ce môme bombardé directeur technique ! Notre start-up se développe, le 3615 BIENPUBLIC fait des émules : Radio 2000, *La Montagne*, *L'Yonne Républicaine*, tous veulent un 3615 et la messagerie rose qui va avec ! *Le Bien Public* s'y colle aussi, ils lancent leur « messagerie conviviale », le pote du chanoine brainstorme, ce ne sera ni SEXTEL ni CUM ni ALINE mais BIGOODI ! La pub montre une jeune fille embrassant d'un regard lubrique la belle grappe de raisin qu'elle tient dans sa main. Qu'on le veuille ou non, les proches du chanoine peuvent être coquins.

On passe bientôt la barre de la dizaine de salariés et il nous faut dénicher de nouveaux locaux. On s'installe ainsi dans une grande villa avec jardin que nous loue le maire d'une bourgade proche de Dijon, Chevigny-Saint-Sauveur. C'est un village triste, ça ne fait pas Silicon Valley du tout et il faut, hélas, réimprimer le papier à lettres hors de prix en virant cette fois le capital HT. Je loge au dernier étage mansardé de la villa. Les bureaux sont au rez-de-chaussée et au premier étage. Je me régale, j'ai recréé l'ambiance qui existait chez Edmond. Je suis ravi d'être mon propre patron, de ne dépendre de personne. Qu'importe si je gagne beaucoup moins que quand j'étais chez EV. Je suis enchaîné à mon job et pourtant je me sens libre. Eva habite désormais avec moi à Dijon, mais elle supporte de plus en plus mal de ne jamais me voir et de rester enfermée toute la journée dans cette baraque. On décide donc qu'elle bossera avec nous : elle prendra en charge la comptabilité. Je me dis que si elle travaille elle se sentira mieux, mais au contraire, ajouter un lien professionnel entre nous ne fait qu'aggraver les choses. Alors, pour repousser le désastre, j'ai une idée de génie : je lui offre un chien ! Évidemment, quelques années plus tard, quand elle me quittera pour un bel Australien, elle me laissera Loustic qui, malgré un sévère souffle au cœur diagnostiqué par trois vétérinaires dont deux décédés depuis, vivra pendant quatorze ans ! Je ne peux pas tout à fait lui en vouloir de m'avoir quitté, je bosse vingt-cinq heures sur vingt-quatre, pas de vacances, pas de week-end. Je ne sors même plus pour acheter une baguette de pain. Mon record : quarante jours sans quitter la maison. Je me dis que je fais tout ça « pour ne pas aller chez le coiffeur le samedi ». En fait, je ne vais plus chez le coiffeur du tout.

Les projets tombent comme les emmerdes, on croule en voyant défiler tout un tas de gars qui décident de devenir millionnaires grâce au Minitel. Tout y passe, les recettes de cuisine, les horoscopes chinois, les biorythmes, on développe tout et n'importe quoi. Un soir, un businessman déboule, il est bronzé et il parle fort. Il a un projet qu'il me raconte en faisant des tonnes de mystères. « J'ai déposé cette idée à l'INPI et c'est en voyant la tête de la responsable en charge de son enregistrement que j'ai compris que mes petits-enfants vivraient de cette idée... » Je suis curieux et impressionné, le croisement de Bernard Tapie et de Bill Gates est dans mes bureaux, là, à Chevigny-Saint-Sauveur ! Soudain il baisse la voix et me raconte son projet. Il s'agit d'un jeu qui proposera à chaque joueur de choisir trois prénoms parmi ceux du calendrier. À minuit, l'ordinateur tirera trois noms au hasard et le joueur qui a la bonne combinaison gagnera la cagnotte mise en jeu. Je le regarde, terrassé devant autant de connerie. Non seulement le truc est idiot mais il est surtout illégal jusqu'à l'os ! Le pire tarde à venir mais finit quand même par arriver : « J'ai déposé la marque dans toutes les classes, "Le tiercé des Saintes et des Seins" ! » Je comprends alors la tête de la dame de l'INPI, elle ne devait évidemment pas penser que les petits-enfants du type vivraient de cette idée mais plutôt : « Avec un con pareil, ils ne sont pas près de toucher le tiercé, ses gosses. »

« *Youh hou, on est la relève* »

Début 1986, coup de tonnerre, je reçois une lettre officielle : j'ai oublié d'effectuer mon service militaire ! Je n'angoisse pas trop, j'ai une entreprise à faire tourner, j'emploie du monde. Je me vois déjà comme un cas d'exemption légal et exemplaire. Devant la commission spécialisée, je plaide ma cause, mais les galonnés en charge du dossier me rétorquent :

— Ça ne marche pas. Votre boîte n'est créée que depuis six mois. Il aurait fallu qu'elle le soit depuis plus d'un an !

Ils m'expliquent que je peux en revanche demander un sursis et me représenter dans six mois. Aussitôt dit, aussitôt fait. Six mois plus tard, je m'y recolle :

— Alors, là, c'est bon, ma boîte ayant un an, vous m'exemptez ?

— Ben non, c'est la date de la première demande qui compte. Mais… vous pouvez demander un sursis !

— Ah ? Bon, je demande donc un nouveau sursis.

Leur logique est courtelinesque, ma résistance est kafkaïenne. Je mise sur le fait qu'ils se heurtent à un imprévu juridique, le cas ne s'étant jamais produit, et qu'ils finiront par me lâcher quand je serai cinquantenaire. Sauf que les braves capitaines de la commission d'exemption du début finissent par céder la place à un gars beaucoup moins rigolo. Le molosse m'explique qu'il m'expédiera en bataillon disciplinaire à la prochaine demande de report. Hop, début février 1987, me voilà donc devant la porte de la BA 102, une énorme base aérienne située à quelques kilomètres de Dijon. La situation pourrait être pire. Une fois mes classes effectuées, je devrais pouvoir être libéré. Et comme j'ai droit à une permission pour assister aux conseils d'administration de ma société, je deviens vite le seul P-DG de France à avoir un conseil d'administration tous les trois jours. Puisque je suis censé savoir lire des bilans, l'armée me bombarde « comptable ». En fait, je suis affecté à la recension des piles usagées. Dans les avions et autres engins, les piles ont une durée de vie normée. Il faut les compter une à une, avant de les mettre en conteneur. Épouvanté devant la lourdeur de la tâche, j'obtiens une équipe de deux « aides comptables », agriculteurs en réalité. Entre les gardes et les alertes, nous recensons les 17 893,

17 894, 17 895 piles à réformer en rêvassant gentiment. Au bout de deux mois, ils tiennent parole et me laissent filer. Je sors de la BA 102 fasciné par les avions et finalement heureux d'avoir connu la vie de chambrée. Mes voisins de dortoir sont des agriculteurs, des éleveurs de Bourgogne et d'ailleurs. Ils ne sont pas très cultivés, c'est sûr, pas très malins en apparence, mais ils font preuve d'une humanité étonnante et d'un bon sens qui les rend vraiment très efficaces. Après une première phase d'approche pas simple-simple, je réalise qu'on peut être cultivé et pourvu de belles manières, sans arriver à la cheville de ces gars. Me reste le souvenir de splendides rigolades. Mon binôme est un fils de militaire haut placé, très grand et surtout très homosexuel. Lui aussi vise la « libération anticipée ». Tous les quatre ans, pour exercice, l'armée de terre attaque l'armée de l'air, c'est rude et évidemment il faut que ça tombe en 1987. Par la ruse ou par la force, les fantassins sont là pour « faire sauter » les avions que les volants sont censés garder. Ils doivent parvenir à coller un autocollant sur l'avion pour gagner ! Sur la base, vingt-quatre heures sur vingt-quatre, tout le monde est sur le qui-vive. Il faut porter des masques à gaz, utiliser des codes de reconnaissance, on ne comprend rien de rien à tous leurs codes. Affectés à rien, mon binôme et moi on se promène le nez en l'air, façon Astérix

et Obélix dans le camp romain. Un gradé nous alpague :

— Qu'est-ce que vous faites là, vous deux ?

— Ben, rien, mon général.

— J'suis pas général, j'suis capitaine. Bon, puisque vous n'avez rien à faire, allez relever les gardes du mirador.

On approche du mirador gardé par deux gars pas commodes. Mon pote m'assure qu'il connaît par cœur le mot de passe et surtout la procédure d'identification. Il se lance, et effectivement il applique la procédure à la lettre ! Il secoue énergiquement la main et crie aux deux gardes médusés :

— Youh hou, on est la relève...

On finit quand même par arriver en haut de la tour de garde. La consigne est simple : signaler tout mouvement suspect de véhicules autour de la base. On commence à papoter, à jouer au tarot, à rigoler, quand tout à coup le téléphone sonne. Le capitaine nous incendie en nous reprochant d'avoir négligé un entrant inconnu. Remontés comme des pendules, on décide de veiller au grain. Tranquille comme Baptiste, un paysan s'approche au volant de sa 4L pour sa promenade digestive dans un champ situé à l'extérieur de la base. Illico, mon pote décroche le combiné :

— Mon capitaine, mon capitaine.

— Oui, quoi ?

— Il y a un homme suspect « armé » de deux chiens qui rôde le long du grillage de la base.

Il raccroche et cinq minutes plus tard, on voit un véhicule d'intervention rapide débouler dans la poussière afin de boucler le pauvre gars qui se promenait sur son propre champ. La boulette nous vaut d'être consignés pendant quarante-huit heures dans un abri nucléaire souterrain, avec un masque à gaz sur le nez, un verre d'eau et quelques biscuits. Mon copain réussira à se faire dégager de l'armée en même temps que moi après avoir hélé, en pleine nuit d'alerte, une ombre qui pissait sur un abri :

— Eh, toi, lâche ta queue et lève les mains...

C'était le colonel commandant de la base qui ne trouva pas la procédure d'arrestation très régulière. Deux semaines plus tard, nous quittons la BA 102. J'ai néanmoins réussi quelque chose de rare, de très rare même, j'ai légalement effectué mon service militaire mais j'en suis sorti « 2e classe ». À part les psychopathes et les objecteurs de conscience, tout le monde sort « 1re classe » après son service militaire ; s'il y avait une guerre je serais à l'avant, tout à l'avant...

« *Merci monsieur le Baron* »

Sitôt revenu à la CTB, je me remets au travail. Le flot de clients commence un peu à se tarir, tout le monde a son 3615 et j'ai désormais de sérieux concurrents sur ce marché. Je décide de lancer quelques messageries 3615 pour notre propre compte, ce qui permet de faire tourner CTB et de compenser le chiffre d'affaires. J'assume mal cette activité et je n'ai pas le courage d'emprunter beaucoup d'argent pour acheter les serveurs qui pourraient transformer ma boutique en géant du Minitel rose. Mes concurrents, eux, le font. Les géants du Minitel fleurissent, ils exploitent à fond le filon des messageries roses et gagnent des millions avec leurs 3615 Aline, Sextel, Cum ou Ulla. Un matin, j'apprends que l'un de mes plus gros clients, un Suisse, ne paiera pas sa facture, il y en a pour un million de francs suisses. C'est la catastrophe. J'appelle la banque « au pouvoir de dire oui », lui explique la situation et sollicite un énième crédit relais. Cette fois, ils prennent le pouvoir de dire « non ». C'est plié, je ne peux pas aller plus loin. Je vends ma voiture pour payer une partie des salaires de l'équipe et je me résous à appeler une amie avocate.

— C'est combien, ton passif ?

— Environ 3 millions de francs, je suis planté !

— Oh putain, c'est énorme comme dépôt de bilan ! À Dijon ça va être l'affaire de l'année, tu vas te faire assassiner. Déplace d'urgence ton siège social à Paris, au tribunal de commerce de Paris ils ont d'énormes affaires, la tienne passera inaperçue.

— Ok.

Deux ou trois semaines plus tard, je dépose donc mon bilan quai de Corse, à Paris. L'audience est fixée à la semaine suivante.

Je me pointe un matin dans une salle immense, c'est mon tour. Le juge regarde mon dossier et me balance : « Qu'est-ce que vous faites ici, vous ? » Je réponds : « Ben, je dépose mon bilan. » « Oui, ça j'ai compris mais vous devez le faire à Dijon, votre société doit avoir un an d'enregistrement à Paris pour dépendre de nous ! »

Me voilà revenu au point de départ, je vais devoir affronter les juges dijonnais. Je n'en dors plus. L'audience est fixée un matin de brouillard à huit heures. Il fait nuit, un froid terrible, je grelotte en costume cravate. Mon avocate n'en mène pas large, elle m'explique qu'elle a horreur de plaider pour des amis. Je crois plutôt qu'elle a horreur de réaliser l'ampleur de sa boulette. J'entre dans une salle du tribunal. Impressionnante, lambrissée de bois sombre. On dirait une salle de cour d'assises, je suis terrorisé. Les juges entrent, le procureur les suit. Le président me fixe des yeux et lance d'une voix profonde : « Ah, affaire suivante, la société qui a cru bon de disparaître à Paris pour ne pas être jugée à Dijon. » Je me vide de mon sang, je vais me faire massacrer. À cet instant, la porte s'ouvre, un juge en retard entre. C'est le Baron, mon tout premier client ! Il me regarde, surpris : « Qu'est-ce que vous faites là, vous ? » Je lui raconte mon histoire, le président et le procureur écoutent. Le Baron semble surpris de cette défaillance, il pensait que ma société marchait bien. Le président lui demande s'il me connaît, le Baron répond que oui et que j'ai toujours bien et beaucoup travaillé pour lui. L'audience est terminée ! Deux semaines plus tard, la CTB est liquidée. À ma grande surprise, je ne suis condamné à rien et surtout je n'écope d'aucune interdiction de gérer. Je pourrai donc à nouveau créer une société, la ligne jaune s'éloigne d'un poil. Je sais que c'est grâce au Baron que je suis gracié. J'ai tellement honte que je quitte Dijon sans même le remercier. S'il lit ces lignes un jour, ce sera fait : Merci, monsieur le Baron.

« Eux ce ne sont pas les souris mais... les truites »

Août 1989, la CTB est liquidée depuis trois semaines, je n'ai plus rien, plus de job, plus de locaux, plus d'employé. Je loue un appartement à Paris, j'ai tout juste de quoi tenir un ou deux mois et apporter les 20 000 francs nécessaires à la création d'une nouvelle entreprise. Je ne réfléchis pas, je fonce et crée Opsion innovation.

Avec François (qui reste à mes côtés mais à Dijon), on a eu une nouvelle idée de feu. Le Minitel est un objet extraordinaire, il a un écran, un clavier et un modem pour se connecter et échanger sur le réseau. Problème : quand il est hors ligne... il ne sait rien faire du tout. Toute son intelligence est sur le serveur distant, que l'on appelle un « terminal ». L'idée est détonante : si on lui branche au cul un boîtier pour lui apporter mémoire et intelligence, on le transforme en ordinateur basique, certainement le moins cher du monde ! Les trois éléments, clavier, écran et modem, sont gratuits car fournis par France Télécom, il ne nous reste qu'à lui adjoindre un processeur et… de la mémoire. On est excités comme des puces, on imagine même lui ajouter une souris pour déplacer un curseur sur l'écran. François s'enferme dans sa piaule, pendant deux ou trois mois il développe un OS (le logiciel de base qui fait fonctionner un ordinateur) et un boîtier électronique que nous baptisons Moustel (décidément, entre CTB et Moustel, on prouvait nos grosses capacités marketing) et sur lequel nous branchons une souris.

L'engin fonctionne très bien, il permet de saisir des documents, des dossiers, d'effectuer des calculs et de ne plus utiliser le réseau qu'au moment de transmettre les données. Ça intéresse pas mal de monde, par exemple les commerciaux d'Air Liquide qui, le soir, dans leur chambre d'hôtel, doivent saisir les données de leur journée de travail. Avec Moustel, ils le font hors ligne et économisent ainsi les frais de 3614. Je me déguise en commercial, je prospecte à mort, j'ai pas mal de touches, le truc a l'air de prendre un peu, en tout cas il pourrait faire vivre notre petite boîte. Je cours les clients et surtout les subventions. Je découvre le nombre incroyable d'aides qui existent en France, des subventions à la recherche au CIR en passant par les programmes PUCE, je récupère du pognon partout où je peux. La France est un pays formidable pour ceux qui en ont les clefs ou qui se donnent la peine de les chercher… On industrialise Moustel, que l'on rebaptise MTL88. Tout est fait de bric et de broc mais on s'en sort. On est alors en 1993. Au même moment, je rencontre Laurence, un soir aux Bains Douches, au cours d'une soirée privée. Il n'y a que des gens connus sauf elle et… moi. On est donc logiquement placés côte à côte, c'est le coup de foudre. Nous nous marierons deux ans plus tard.

Notre boîtier commençant à se vendre, je le montre à un ami qui me conseille de « lever des fonds ». Je n'ai jamais fait ça mais il me donne les coordonnées d'une banque spécialisée en financement de ce type, ce qu'on appelle à l'époque le « capital risque ». Me voilà donc en route pour Bar-le-Duc. J'ai rendez-vous au Crédit Agricole à quinze heures. Je patiente en découvrant cette jolie bourgade. Le monsieur est à l'heure, il sort de déjeuner et je comprends qu'il n'a pas bu que de l'eau. Il écoute mon truc en somnolant ; je décide de mettre l'accent sur la souris, je ne suis pas sûr qu'il soit au niveau technique pour comprendre le reste. Il m'écoute poliment. À la fin de mon exposé, il me regarde et me lance : « C'est marrant, j'ai vu un dossier hier *un peu* dans le même domaine que vous. Eux ce ne sont pas les souris mais… les truites. (…) Ils ont inventé un camion pour transporter les truites vivantes. » Je le regarde, éberlué, et je réalise que ce monsieur a compris que nous avions développé une nouvelle *race* de souris ! On est en 1994 et il faut se souvenir de Jacques Chirac qui, cinq ans plus tard, demandait : « Qu'est-ce que vous appelez exactement *le mulot ?* » Je ne lèverai pas d'argent, on va donc devoir galérer encore de longues années. Pour autant, je ne lâche pas l'affaire. Le patron d'une société d'électronique qui nous fabrique les boîtiers connaît un entrepreneur qui a fait fortune, peut-être qu'il sera intéressé par mon projet.

Je rencontre Jean-Claude, un type extraordinaire. Il a monté un groupe qui organise des voyages pour les visiteurs médicaux, voyages qu'il facture une fortune aux laboratoires pharmaceutiques riches à milliards. Il écoute mon projet, n'y comprend rien mais me trouve sympa et me donne son accord pour investir 200 000 francs. Je hurle de joie en sortant du rendez-vous, j'ai sauvé Opsion, au moins temporairement. Je reviens le voir quelques semaines plus tard pour signer le deal. Il réalise qu'il doit me remettre un chèque. Évidemment, il n'a pas le pognon disponible. Il décroche alors devant moi son téléphone et appelle sur sa ligne directe le célèbre patron d'un des plus grands labos français. « Salut c'est Jean-Claude, dis-moi, le bateau que je t'ai loué cet été, ça t'embête si on rajoute une semaine ? Tu m'envoies le chèque. Ok, merci, je t'embrasse. » Et voilà comment, sous mes yeux ébahis, un gars est capable de trouver 200 000 francs avec un simple coup de fil. Je comprends à cet instant que la différence entre un patron et un entrepreneur réside essentiellement dans sa capacité à émettre de fausses factures.

Toujours en 1994, je rencontre un deuxième homme extraordinaire, Le docteur Serge. Il a une intuition et une interrogation : « Est-ce que l'apport de vitamines, de minéraux et d'antioxydants est bon pour la santé ? » À cette date, aucune étude sérieuse n'a été faite dans le monde sur l'effet des vitamines ! Il décide donc de monter un projet pharaonique : l'étude SU. VI. MAX (supplémentation en vitamines et minéraux anti-oxydants). Pendant huit ans, 13 000 personnes de trente-cinq à soixante ans vont, pour moitié, avaler tous les matins une gélule contenant des doses nutritionnelles de vitamines et minéraux antioxydants tandis que l'autre moitié avalera un placebo. Chaque participant devra ensuite taper sur son Minitel tout ce qu'il a consommé dans la journée, plats, portions, accompagnements et sauces ! En cas de maladie, tout doit être consigné. Le volume de données à collecter est énorme et le temps de connexion nécessaire très important. Notre boîtier résout exactement ce problème : avec lui, quelques minutes de connexion suffisent et les patients économiseront beaucoup d'argent, réduisant ainsi le taux d'abandon. Problème, il faut financer les milliers de boîtiers MTL88 ! Le docteur dispose d'un budget réduit, il faut donc courir les sponsors. France Télécom décide de participer mais cela ne suffit pas. Je propose alors au docteur de contacter le patron d'un des plus grands labos français. Jean-Claude, mon récent associé, m'ouvre les portes et rendez-vous est pris. J'arrive dans son bureau immense. J'ai trente et un ans, il en a trente de plus. Igor porte beau et ses chaussettes sont en soie mauve. Je lui explique l'étude SU. VI. MAX, il m'écoute et me demande quel est l'intérêt de cette étude. Je répète ce que le docteur m'a appris : s'il est prouvé que l'apport quotidien de vitamines améliore la santé publique, on pourrait en donner dès l'enfance dans les écoles, ce qui pourrait permettre, par exemple, de faire baisser significativement le nombre de cancers. Il me regarde, et me cloue : « Monsieur, moi mon business c'est de soigner les cancers, pas que les gens n'en aient plus. » Implacable. Je ne trouve rien à répondre mais je crois que pendant quelques secondes je rêve de voir sa tête lorsqu'un médecin lui diagnostiquera le sien. SU. VI. MAX ira à son terme et, en 2003, on ne donnera pas de capsules aux enfants à l'école mais la formule « Mangez au moins cinq fruits et cinq légumes par jour » verra le jour grâce à l'étude.

Notre boîtier ne suffit pas à faire tourner la société. On décide alors de reprendre notre métier d'hébergeur Minitel. C'est la seule activité qui puisse nous apporter un chiffre d'affaires régulier. On m'apprend que le propriétaire d'un des plus gros 3615 de France cherche justement un hébergeur ! Je décide de tenter ma chance. Je découvre qu'il s'agit du 3615 GAY ! C'est un des plus gros 3615 en France. Il a été racheté par Francis, un ancien prof de maths qui a mis la main sur le groupe Gay créé dans les années 80 par David. Surnommé le « citizen gay », il fut le premier à créer un empire commercial dans le domaine du sexe et de la nuit gay parisienne. À l'époque, 3615 GAY génère environ 50 000 heures de connexion par mois (le Minitel se chiffre en heures de connexion, facturées par France Télécom qui débite les comptes de ses clients), ce qui en fait l'un des plus gros sites français ! Mes concurrents proposent des hébergements à 3 ou 4 francs/heure, je tente ma chance et je propose 50 centimes ! Ça me fera 25 000 francs de chiffre d'affaires par mois, largement de quoi payer nos deux salaires, mais je devrai faire tout le boulot tout seul ! À ce prix-là, j'emporte l'affaire haut la main et nous voilà au boulot.

Je fais connaissance avec Francis. Il a un passé assez lourd en affaires, il aurait vendu des ordinateurs vides (sans mémoire ni processeurs) à la Sécurité sociale et aurait, pour cela, effectué quelques mois de préventive. J'apprends à le connaître en commençant à travailler avec lui. C'est un Bernard Tapie au cube, brillant, sympathique, adorable avec moi mais... complètement dingue ! Son 3615 lui rapporte 30 MF par an ! Il possède un groupe entier consacré au « business gay », magazines, saunas, sextoys, etc. Il est aussi haï par ses concurrents car hétéro en diable, et croule sous les procès intentés par ses clients, ses fournisseurs, sa femme, ses maîtresses, le fisc, etc. Il se déplace en voiture de sport conduite par un garde du corps pas commode. Très vite, le courant passe entre nous et il devient actionnaire d'Opsion. Quelque temps plus tard, je l'appelle au secours pour convaincre ma banque de m'accorder un petit crédit. J'ai rendez-vous à la banque Hervet qui ne croit pas un instant à mes chances de succès. Francis m'accompagne et prend les choses en main ; feutre à la main, il détaille sur un *paperboard* la liste des business gay, ses filiales dans les paradis fiscaux, le montant de son pognon en Suisse ! Le banquier est effaré, moi je fais de grands moulinets avec les bras pour attirer l'attention de Francis, il faut qu'il arrête le massacre. Sitôt son numéro terminé, lorsque nous quittons la banque, dix policiers entourent la voiture de Francis ! Un type rasé, au volant d'une Lotus moteur en marche, avait fini de faire paniquer les employés de la banque qui avaient appelé la police. Une fois de plus, je n'aurai pas mon crédit. Je suis épuisé par tout ça.

Avec Francis comme associé, j'ai vraiment tout vu. Un beau jour, il me demande de signer de faux bons de livraison d'ordinateurs. Je comprends après qu'avec l'argent du *leasing* il a acheté une Aston Martin. Une autre fois, la porte de son bureau explose. Je suis terrifié. Un molosse, ancien légionnaire et patron d'une entreprise de vente de livres au kilo, entre et hurle : « Francis, si je n'ai pas mon pognon dans une semaine, je te coupe la tête et je la jette dans la Seine. » Francis pose ses lunettes Cartier en or au bout de son nez, le regarde et lui lance calmement : « Ça tombe bien, en ce moment j'ai des migraines. » Ce mec est génial, je ne comprends pas comment il peut vivre avec autant d'emmerdes. Il a écopé d'un redressement fiscal de 50 millions de francs et s'est déclaré au smic en plaidant qu'il n'était qu'employé de son resto. Une autre fois encore, alors qu'il est convoqué au tribunal (de Bobigny, je crois), il se pointe avec son avocate et son pitbull. Le chien est refusé à l'entrée et se met à aboyer. Francis l'engueule alors : « Halphen, ta gueule. » Tout le monde se retourne : il a donné à son chien le nom du juge qui le flique ! À mesure que je découvre l'ampleur de sa folie, je suis consterné, je l'adore, mais je commence à flipper. Francis investira plus tard dans le monde de la nuit, bars, restaurants, et night-clubs. Le 26 février 2003 au matin, il est chez lui, rue Copernic, lorsque vers 10 h 45, passant le pas de sa porte, il est atteint sous l'œil droit par une balle de 11.43 tirée à bout portant. Il décède sur le coup. C'est Claire, mon avocate, qui entretemps est devenue sa compagne, qui me l'annoncera.

1997. Laurence tombe enceinte. Je ne la vois pas beaucoup, je travaille énormément, mais elle accepte mes absences. Elle a heureusement un très bon job et gagne beaucoup plus que moi. À deux, nous arrivons à payer le loyer d'un gentil appartement avec terrasse à Boulogne. Mais nouveau coup de tonnerre. L'un de mes plus gros clients m'intente un vilain procès. J'ai déconné, il le sait et il en profite. Il peut me mettre sur la paille mais comme on ne tond pas un œuf il préfère négocier. Je dois lui vendre tout mon business pour 1 franc et m'engager à ne plus développer de messageries 3615, ma seule activité rentable ! Nous préparons le protocole qui, à coup sûr, va m'obliger à poser ma roue sur la ligne jaune. Son avocat précise que je ne peux plus développer de « messageries de rencontres sur Minitel ni Internet » (à l'époque je n'en connais que le mot). Au moment de signer, je demande : « Est-ce que l'on peut enlever "Internet" du champ de non-concurrence ? » Le pape du Minitel réfléchit quelques secondes et rigole : « Oui, de toute façon Internet ça ne rapportera jamais rien… » Nouveau carrefour sous mes pas, nouvelle route de vie. Il réalisera quelques années plus tard ce que ce « oui » lui a coûté. Meetic va détruire l'intégralité de son célèbre groupe de Minitel de cul et sonner la fin du 3615 CUM qui comme chacun sait voulait dire « avec » en latin…

1997 : me voici à nouveau sur la paille. Il me reste ma société mais sans plus aucun contrat ni client. François fond en larmes, il n'en peut plus d'avoir un boss comme moi mais je n'ai plus que lui, il le sait, et il reste. Laurence aussi encaisse le coup, elle sait que nous pourrions avoir à déménager, je le lui annonce la veille de Noël. Elle me rassure, me réconforte et me promet : « Même si on vivait dans une caravane je resterais avec toi. » C'est dans la poussière levée des tempêtes que naissent les anges.

Assis dans mon bureau, hébété, je suis seul, n'ai plus de projets et, pire, plus la moindre idée. Les idées ça ne vient pas comme ça, on peut regarder le plafond pendant des lustres sans que la moindre idée gicle. C'est pour cette raison que je conseille toujours à un entrepreneur qui vient me voir avec une idée de se lancer. Il ne réalise pas qu'il a déjà fait la moitié du chemin en ayant eu son idée ! Ok, la deuxième moitié du chemin, « l'exécution » du projet, sera beaucoup plus longue et difficile que la première mais, s'il a du talent, et même si son idée s'avère bancale, il saura « pivoter », chercher d'autres routes encore et encore et finalement trouver le port. Moi rien, je suis sec, je n'ai pas la moindre idée de ce que je pourrais faire mais, soudain, le téléphone sonne. Au bout du fil, Thierry. Il se présente, il parle vite, il vient de faire fortune en vendant sa boîte et cherche à investir dans un site Internet. Il me demande si j'ai un projet. Je comprends alors d'où vient ce miracle. J'avais déposé une annonce sur un site Minitel permettant de rapprocher les *business angels* des entrepreneurs. J'avais complètement oublié cette annonce mais Thierry est tombé dessus. La chance vient une fois de plus de me souffler dans le dos.

Je réponds à Thierry que j'ai en effet « un projet Internet » que je me propose de lui présenter sous dix jours. Il accepte. J'ai dix jours pour comprendre ce qu'est Internet et trouver une idée ! J'y passe neuf nuits. Je découvre le réseau, Mosaic, le premier navigateur disponible, et je « surfe » pour la première fois de ma vie sur un site Internet. Je décode la page, le HTML, pour comprendre comment ça fonctionne, et je réalise la puissance du système : sa simplicité ! Je suis sous le choc, ce truc va changer le monde. Il faut que je trouve une idée, Thierry est déjà en route ! Je pars de ce que j'ai, je dois construire un projet avec ça... Mais je n'ai RIEN et ça va être le déclic, je n'ai pas d'argent mais j'ai une intuition, je sais que la publicité basculera en masse vers l'Internet ! Alors pourquoi ne pas développer un média publicitaire ? Si on réussit à générer gratuitement de l'audience et à y placer nos annonces, on pourrait commercialiser nos espaces publicitaires ou les utiliser pour promouvoir nos propres services payants.

Je visite un site d'hébergement de sites personnels, Multimania. Des milliers de sites y sont hébergés et visités chaque jour par des milliers d'internautes dont quelques pour cent d'entre eux créeront à leur tour leur site. C'est la machine à audience parfaite et c'est ça dont j'ai besoin ! J'appelle François, je lui dis qu'on peut faire beaucoup mieux que Multimania. Leurs outils sont rudimentaires, l'hébergement limité en espace, on va faire beaucoup mieux. Le voilà, mon projet, il ne reste plus qu'à le vendre à Thierry. Il m'écoute lui expliquer que nous allons créer un média et, une fois l'audience au rendez-vous, nous lancerons tout un tas de services payants où nous commercialiserons nos bannières. Le Web sera marchand, je le sais, je n'ai aucun doute sur ça. Pour le moment, il s'agit de sauver Opsion. Thierry est emballé. On a besoin d'un million, il l'a, moi pas, je n'ai pas d'autre choix. Il prend donc 50 % d'Opsion.

Je suis sauvé, j'ai un joli projet dans la tête, un nouveau moteur, on fonce. Avec Thierry, les débuts de notre couple professionnel sont lunaires. Il se pointe le premier matin dans nos bureaux, raide dans son costume sombre et chaussé de pompes à gland. Au milieu des T-shirts usés et des jeans troués des gars du Web, on le voit de loin.

Il fait face à l'abattement qui nous gagne, et nous bombarde d'anglicismes précis :

— Bon, on fait un *board meeting*. On prend un *paperboard* et on liste les *main goals* à atteindre. Marc, tu me listes tous nos *assets*.

Je ne comprends rien mais je me lance. Lui, le voilà parti à ne rien écouter, à dessiner des graphiques, à tracer des abscisses et des ordonnées, à multiplier les flèches dans tous les sens. Il vérifie chaque chiffre, recompte après la virgule, hurle à chaque franc dépensé. Interloqué, je le regarde faire et je me demande comment j'ai bien pu lier mon sort à celui d'un excité pareil. Je vais devoir me le coltiner jusqu'à la fin de l'aventure et je commence dès le début à trouver le temps un tantinet longuet…

De son côté, François replonge dans sa cave, il programme jour et nuit, il ne prend même pas le temps de trouver des outils existants, il réécrit tout ! Serveurs HTTP, serveurs FTP et même un serveur POP pour offrir des emails gratuits à l'instar de la star de l'époque, Caramail. Je bascule en quelques mois du Minitel à l'Internet. On est quelques-uns dans ce cas. Pierre François qui passe du 3614 CHEZ à… iBazar, Xavier qui lance son premier ISP. Les autres rois du Minitel de cul, eux, somnolent sur leur tas d'or. Ils sont bouffis de certitude, le Minitel en a encore pour des dizaines d'années, Internet et sa gratuité n'ont aucune chance. C'est souvent le problème avec les gens qui ont fait trop d'études, ils savent, ils regardent mais ils ne voient rien. Je cherche un nom. À l'époque, Internet fait peur, les gens pensent que c'est une société américaine. Je décide de les rassurer en choisissant un nom bien de chez nous, franchouillard à souhait : iFrance.com.

« *As Soon As Possible* »

1998. Après des mois de développement, nous lançons enfin le site. Au début, seul l'hébergement de sites perso est développé. iFrance est rudimentaire, le design hésitant mais la techno développée par François est redoutable. Les outils qu'il a inventés/ajoutés nous permettent de proposer des fonctionnalités innovantes et surtout, surtout, de contrôler le contenu posté par nos membres ! Je sais d'expérience que si l'on ouvre l'hébergement à tout vent, on récupérera la moitié des tarés de la Terre. Ils pourront publier sur nos serveurs n'importe quel type de contenu et tout ce qui est illégal y circulera librement : drogues, images pédophiles, violence, mp3 piratés, etc. Rien ne nous sera épargné. Je décide donc, au grand dam de l'équipe nouvellement embauchée, de développer un système de modération « a priori » : aucune image ou vidéo ne sera rendue publique avant que notre équipe de modération ne l'ait préalablement validée ! C'est un travail de dingue qui nécessite une techno compliquée et une énorme équipe de modérateurs. François, resté à Dijon, est donc en charge de monter le département « modération ». Huit heures par jour, nos modérateurs regardent des planches de photos pour éliminer ce qui leur semble « incorrect » ou « illégal ». Les décisions sont évidemment subjectives mais on établit une charte assez précise des contenus interdits. Le porno arrive en tête, on voit passer toutes les couleurs, toutes les positions et toutes les perversions. Nous achetons une ou deux campagnes publicitaires pour lancer la machine. Elle s'avère redoutable : chaque site attire des visiteurs dont 2 à 3 % viendront héberger chez nous leur site qui attirera à son tour de nouveaux visiteurs. iFrance décolle très vite, la montée en puissance est impressionnante. On doit ajouter chaque jour de nouveaux serveurs, de nouvelles fonctionnalités et la fourniture d'emails gratuits n'arrange rien. Rapidement, nous sommes dépassés, le site s'emballe. Nous recrutons des ingénieurs, des modérateurs, des graphistes et même un commercial en charge de la commercialisation des bannières de publicité placées sur les sites de nos membres.

Fin 1998, iFrance est dans le top 15 des sites français les plus visités. C'est le début de la bulle Internet. De jour en jour, on voit des sites plus ou moins exotiques qui réussissent à « lever » des millions ! Le système devient fou, les financiers pressentent ce que va devenir le Web. Tout le monde fantasme sur les futurs revenus de la publicité ou de l'e-commerce. iFrance réalise alors un chiffre d'affaires ridicule mais son trafic est énorme. Thierry a raison, il ne faut pas laisser passer l'occasion : si fromage.com a réussi à lever des millions, nous aussi nous devrions y arriver. Il ouvre son carnet d'adresses et, comme il a travaillé dans la finance, il connaît un tas de types qui bossent désormais dans des fonds d'investissement. On enchaîne les rendez-vous et on présente notre concept : créer une communauté d'utilisateurs ayant publié leurs sites sur nos serveurs, les segmenter par catégories (sport, hommes, femmes, loisirs, voyages, etc.) et vendre à prix d'or les millions de bannières publicitaires générées par les sites de nos membres. On écrit une présentation, on imagine un *business plan* au doigt mouillé et surtout, on calcule le montant dont nous allons avoir besoin pour que la société devienne rentable. Je ne sais plus comment nous en sommes arrivés là, mais 20 MF feront l'affaire... Difficile de ne pas la sentir arriver, la bulle « des années 2000 » : j'avais vendu 50 % d'iFrance à Thierry pour 1 MF et deux ans plus tard on cherche 20 MF, tranquilles.

Me voilà donc embringué dans un *roadshow*... À dix ou douze reprises, on présente notre projet devant des types en costards. Ils ont les yeux qui brillent et voient passer des dossiers toute la journée mais aucun d'entre eux n'a la croissance d'iFrance. Enfin, en terme d'audience, parce que en terme de revenus c'est plutôt calme, voire... très calme. Au fur et à mesure des présentations, on intègre les critiques de nos interlocuteurs, on modifie notre discours, il s'améliore à vue d'œil. Arrive l'un des derniers fonds : Viventures, un fonds créé par Vivendi alors dirigé par Jean-Marie Messier. On débute la présentation. Jean-Pascal Tranié, qui dirige Viventures, est un copain de Thierry ; l'accueil est agréable. Je commence à « pitcher » consciencieusement, page par page, je récite la présentation. Le boss de Viventures a la tête ailleurs, il écoute à peine, parcourt le « deck » (la présentation Powerpoint) en avance, et tapote sur son Nokia. Alors que je suis au milieu de mon speech, lui est déjà à la fin. Je le prends assez mal, je pense qu'il n'en a rien à faire, je m'arrête et lui lance : « Je crois que vous et moi ça ne va pas être possible. » Jean-Pascal me regarde, surpris, il me répond : « Non non, ça m'intéresse beaucoup, vous avez besoin de combien ? » Thierry lui répond du tac au tac : « 20 millions sur une "valo" de 20 millions "pré-money". » « On est ok », répond Jean-Pascal ! Je suis au *pestacle*, je les regarde faire valser les millions, en me disant qu'il y a forcément un truc qui cloche, que nous venons d'entrer dans un monde de papier et que tout ça va bientôt péter. La suite ne me donnera pas forcément tort. Voilà comment, en cinq minutes, nous nous retrouvons avec une société qui vaut 40 MF sur le papier ! Sur le coup, je ne réalise pas comment un truc pareil est possible. 20 millions de francs ! Je n'arrive même pas à intégrer la somme. En théorie, je suis donc devenu riche, très riche, je possède 25 % d'une boîte qui vaut 40 MF. Bon, évidemment, je n'ai pas d'argent réel. Mon salaire est confortable et nous élevons Léa dans le même appartement de Boulogne, que je n'arrive toujours pas à acheter malgré mon nouveau paquet d'actions iFrance.

Notre pactole en banque, on met les bouchées doubles ; création d'une équipe de commerciaux pour « monétiser » notre audience, *staffing* des équipes de modération, déménagement dans un bureau/loft à Boulogne, embauche de Sandrine, notre première directrice financière, de Catherine, directrice générale, et de tout un tas de développeurs pour améliorer encore les outils proposés par iFrance. Thierry est au taquet, il crie, il fouette les commerciaux, il stresse les équipes, tout le monde court partout, plus personne n'a un poil de sec. Moi, je suis en charge d'imaginer les nouveaux outils, les nouvelles fonctionnalités, de définir le design du site et de faire le malin dans les journaux pour faire parler d'iFrance. Notre duo est au top, on est archi-complémentaires. Sans effort, on évite d'empiéter sur le territoire de l'autre, on y arrive presque mais parfois ça dérape. Un beau jour, Thierry prend l'initiative d'offrir à tous nos membres un livre « iFrance » auto-édité. C'est à l'arrivée du poids lourd en charge de la livraison des cinq palettes de 10 000 livres que je comprends qu'il a mis, à mon insu, le doigt dans l'opérationnel.

L'un de nos gros challenges quotidiens est de trouver des gens qui comprennent quelque chose au Web ! Un commercial gagne la palme du « type-perdu-dans-le.com ». Le jour de son arrivée, on lui passe un ordinateur portable et on lui crée une adresse email. Il est chargé de contacter les annonceurs pour leur vendre des packs commerciaux. Je ne fais pas vraiment attention à lui mais il est installé face à mon bureau, dans un espace *open space*. Je lui jette un regard, il regarde fixement son ordinateur, là comme ça, sans bouger. Trois heures plus tard, il a visiblement sauté le déjeuner et il est toujours dans la même position. Ça m'intrigue, je m'approche de lui : « Ça va ? Tout va bien ? Tu ne déjeunes pas ? » Sans quitter son écran des yeux, toujours écarquillés, rougis et larmoyants, il me répond : « Non, je ne peux pas bouger, au cas où un message email passe. » « ??! » Je comprends qu'il n'a jamais utilisé d'email dans sa vie ; sans doute habitué au téléphone fixe, il pensait que les emails traversaient l'écran et que si personne n'était là pour les « attraper » ils quitteraient l'écran pour toujours. Je commence à trouver tout ça un peu étrange. Parallèlement, des gamins se pointent au bureau, CV à la main, et nous demandent 1 million de francs de salaire ! Viventures nous envoie ses gars, ils nous parlent de « *staffer* le *middle management* », je commence à recevoir des tas d'emails où est écrit « asap », je n'ai pas la moindre idée de ce que ça veut dire (« *As Soon As Possible* ») alors j'agrémente moi aussi tous mes emails de « asap » déposés ça et là au petit bonheur la chance. La bulle Internet va péter, j'en suis certain, tout ça n'a pas de sens, le temps va virer à l'orage, je le sais, mais personne ne m'écoute sauf Thierry qui partage mon opinion et ça, ça ne me rassure pas.

On observe ce que font nos camarades, et certains sont vraiment des génies. Freesbee, par exemple, lance un service au modèle ahurissant : l'accès Internet est fourni totalement gratuitement ! L'utilisateur n'a même pas à payer la communication téléphonique (l'ADSL n'existe pas encore et les frais de la communication téléphonique s'ajoutent alors à ceux de l'accès Internet). La société compte se rémunérer par la publicité qu'elle placera sur ses pages. Pour réussir cet exploit ruineux, elle pense utiliser un truc qui fonctionne « en théorie » (je sais, c'est loin) : le « retournement de modem » ! Le truc permet au client de se faire rappeler par Freesbee pour qu'il prenne à sa charge l'appel téléphonique et donc la connexion Internet dans son intégralité.

On confine au sublime, on est moins cher que le gratuit ! Freesbee paye à la place de l'abonné. Impressionnant ! Avec ce *business model* « à l'envers » (leur slogan : « Prenez Internet du bon côté »), Freesbee lève des millions ! Ils les brûlent assez vite d'ailleurs, dans un siège social rue Grenetta. Un bâtiment sublime, des bureaux incroyables, tout en verre, garnis d'écrans plats et d'hôtesses magnifiques. Ils crament le solde dans une campagne d'affichage sur le boulevard périphérique parisien qui vante ce service révolutionnaire (moins cher que gratuit...) mais, léger souci : le service n'est pas ouvert ! En fait, les modems se retournaient bien, mais uniquement sur papier (contrairement à l'équipe de gestion qui avait financé ce truc et qui, elle, retournait chercher de nouveaux fonds à carboniser).

La bulle gonfle, gonfle à vue d'œil, on sent que « le vent se lève... il faut tenter de vivre », comme disait Paul Valéry. Un beau matin, Thierry déboule dans mon bureau et hurle : « ON A UN ACHETEUR ! »

« J'ai vendu le chien 100 millions d'euros »

Spray est un site Internet suédois, un « portail » proposant des tonnes de services à ses abonnés. Créé très tôt, en 1995, Spray s'est développé un peu partout en Europe. Ses créateurs ont acheté pas mal de sites Internet pour grossir mais surtout, ils ont inventé un nouveau modèle d'entreprise (enfin, c'est ce qu'ils racontent). Leurs bureaux à Paris sont installés dans un ancien théâtre redécoré à prix d'or. Il y a un baby-foot au milieu de la salle, un sauna, une salle de sport, etc. Les types ont donc inventé un nouveau mode de management : « le management spaghetti. » En gros, tout le monde est relié à tout le monde, il n'y a pas de hiérarchie et chacun doit développer son projet en progressant seul au milieu des autres. Du moins, c'est ce que je crois comprendre quand le boss France de Spray m'explique comment ils travaillent. Je crois surtout que c'est un management « bordélique » (on fait ça très bien chez iFrance, d'ailleurs), et le pauvre gars en charge d'un projet au milieu du plat de pâtes n'a pas d'autre choix que celui de se démerder tout seul et de suivre le fil de sa vie…

Spray est vraiment très tenté par iFrance, notre audience record leur permettrait d'exploser en France, faisant par là-même exploser le cours de l'action de leur maison mère en Suède. Thierry sait ce que pourraient représenter 25 millions de francs dans ma poche. Et même si l'essentiel de la somme sera versé en actions Spray, il sait que ma vie ne sera plus la même, plus du tout, même. Je bosse jour et nuit depuis quinze ans, je suis heureux au boulot mais je n'ai toujours pas un rond devant moi ! On décide donc d'écouter leur proposition et de débuter les négociations. Elles vont vite, très vite, et finalement elles ne portent que sur la part de cash qui nous sera versée (le reste sera payé en actions Spray). Un protocole est signé rapidement, il nous donne huit jours pour conclure. On reste quand même un tantinet inquiets à l'idée de posséder beaucoup de « papier » Spray. Une méchante blague court : un type rentre chez lui et dit à sa femme « Chérie, j'ai vendu le chien 100 millions d'euros. — Whaou, en cash ? — Heu non, ils m'ont donné deux chats à 50 millions pièce. » On ne veut pas de chats, nous, on veut du pognon ! En guise de chats, on va surtout avoir… des girafes. Le directeur marketing de Spray a imaginé une image de marque basée sur la présence d'animaux.

Il y en a partout chez eux. Dès qu'ils le peuvent, les gars de Spray se pointent à un événement avec des animaux en laisse (voilà pourquoi ils ont un jour remonté la Croisette pendant le festival de Cannes avec une girafe à leurs côtés). Ce sont des types très sympas, de gros fêtards et, justement, la veille de la signature définitive du protocole de vente, ils nous invitent à l'une de leurs sauteries. Celle-ci se passe dans le bois de Boulogne. Ils ont monté un immense chapiteau, l'ont bourré d'animaux, de jolies filles et d'alcool. On se pointe avec Thierry (je crois qu'un guépard lui pisse sur ses mocassins, d'ailleurs), la fête bat son plein. On s'amuse beaucoup, ça nous change des fêtes « mousseux, gobelets, cacahuètes ». On rigole gentiment mais nos amis de Spray, eux, ils boivent ! À trois ou quatre reprises, leur DG se pointe devant nous et nous lance : « Hé, vous n'oubliez pas de venir signer demain, hein ? » Il est vraiment insistant et, il faut bien le dire, un tantinet casse-couilles, surtout sur la fin après le quatrième assaut. Je rentre chez moi et, à quatre heures du matin, je ne dors toujours pas, j'ai un mauvais pressentiment. J'appelle Thierry : « Tu dors ? Non ? Dis-moi, je ne sens pas le truc... Un gars qui doit te faire un chèque de 100 millions pour acheter une boîte qui objectivement ne vaut pas un caramel, et qui vient quatre fois te demander de ne pas oublier de venir signer, ça sent le loup, non ? » Thierry est d'accord, mais comme, lui, il a déjà de l'argent, il me dit que ce n'est pas à lui de décider mais qu'il suivra mon choix.

Je passe deux heures à regarder le plafond. Je n'ai jamais été joueur, mais là je suis à un vrai carrefour, et personne ne peut décider à ma place. Je n'ose même pas en parler à Laurence. Au petit matin, je me lance, à l'instinct : je vais refuser leur chèque ! Je l'annonce à Laurence au réveil. Je ne m'explique toujours pas comment elle peut me faire autant confiance et je balance un email à Spray. Leur boss, un type charmant, est déjà dans un avion destination soleil. Il fait le vol retour illico, il essaye de me convaincre à nouveau, en vain. J'ouvre la main, les 25 millions de francs qui peuvent changer ma vie s'envolent, je tire un trait sur les girafes et les nouilles et je me remets au travail.

« Il faut gérer son argent avec sérieux, précision et professionnalisme »

« La bulle », c'est désormais le sujet numéro un de nos discussions. Multimania décide de tenter l'aventure boursière. Je marche sur les Champs-Élysées quand mon portable sonne ; c'est Thierry : « Putain ! Multimania vient d'être coté, ils valent 3 milliards de francs. » Multimania est alors le leader et le pionnier des « communautés ». Ils ont construit un truc malin en faisant passer les millions d'internautes ayant créé un site perso chez eux en « membres de la communauté ». À l'époque, ça plaît beaucoup. Theglobe aux USA, Respublica en France, et même nous avec iFrance, tout le monde y va de sa communauté. Alors voir un concurrent, certes plus gros que nous, être valorisé 3 milliards de francs, c'est une chouette nouvelle !

Le lendemain matin, on prend un café avec Thierry. Il me balance : « Trouve-nous une idée qui pourrait justifier que nous levions beaucoup, mais alors beaucoup d'argent. » Trois *brainstormings* plus tard, notre équipe sort de la salle avec un joli projet. iFrance, qu'entre-temps nous avions lancé en Espagne, en Italie, en Belgique, en Suisse et au Québec, va devenir un fournisseur d'accès Internet ! Pas besoin de coûteuses campagnes publicitaires pour recruter nos clients, nous nous servirons de notre énorme trafic naturel. Et puis, puisque nous y sommes, on ouvrira des sites d'e-commerce où nous enverrons du trafic vers d'autres sites existant en prenant une belle commission au passage. Bref, on va mettre iFrance, qu'on écrit désormais i(france) et que l'on va rebaptiser « idoo » pour faire plus « communautaire », en orbite.

Le *business plan* est à pleurer. On prévoit de faire des dizaines de millions de chiffre d'affaires à l'horizon trois ou quatre ans, mais tout ça a un prix : il nous faut 140 millions de francs ! Je ne sais toujours pas comment on tombe sur ce chiffre mais c'est celui-là qui est annoncé aux investisseurs en manque de dossiers ambitieux. Je suis sur les rotules, je bosse tellement depuis des années que je ne sais plus où est mon lit et il faut repartir pour un nouveau *roadshow* ! La rumeur de notre énorme levée de fonds fait rapidement le tour du Web. Le téléphone commence à sonner. Ainsi, deux ou trois semaines passent et Patrick Le Lay, le puissant patron de TF1, me reçoit dans son bureau ; il m'écoute lui parler du Web, de nos projets. Il ne comprend pas le modèle du « tout gratuit » et me raconte : « On a investi dans un fournisseur d'accès, à chaque fois que nous regardons leurs résultats ils m'expliquent qu'ils ont fait moins de revenus que prévu. Un jour, ils sont arrivés en me disant "on va faire plus simple, on va fournir le service gratuitement". Remarquez, ça me fait un souci en moins, je n'aurai pas à essayer de savoir de combien ils vont se tromper ! Mais moi, quand je ne comprends pas… je ne paye pas ! » Il me propose de travailler sur un nouveau projet de fournisseur d'accès : TF1 apporterait la promotion, le Crédit Agricole ses agences, et i(france) son savoir-faire et son trafic Internet. Quelques jours plus tard, François-Henri Pinault souhaite nous rencontrer. Il nous propose de fusionner i(france) avec son portail Mageos. Puis c'est au tour de Serge Weinberg, le P-DG de PPR. Il passe ses nuits à essayer d'analyser le *business model* d'une jeune start-up dont il ne comprend pas la source de revenus ; cette boîte ne peut que perdre de l'argent, nous dit-il. Il avait raison sur ce point : quinze ans plus tard, Amazon gagne à peine de l'argent mais pourrait racheter Carrefour au petit déjeuner…

Je ne comprends pas vraiment ce qui m'arrive, je suis reçu par de grands patrons et ce sont eux qui me demandent mes disponibilités. Je sens bien que quelque chose ne tourne pas rond mais finalement je trouve ça très agréable, je me sens un peu dans la peau d'une miss France… Je ne touche plus terre, je suis reçu partout, je suis dans tous les journaux.

140 millions, ça fait un paquet de Ferrari et ça fait rêver les journalistes. Malgré tout, on refuse toutes les offres de fusion et on décide de lever de l'argent frais. On organise une dizaine de réunions avec des fonds. Ils sont riches à millions mais ils cherchent tous de gros projets. On est au cœur de la bulle et celui qui ne court pas avec les moutons sautera seul. Ils préfèrent se tromper tous ensemble que d'avoir raison seuls. Notre discours est bien rodé. Catherine, notre DG, enchaîne les réunions de présentation à nos côtés en détaillant notre stratégie et en tentant de justifier la somme folle que nous essayons de lever. Les rendez-vous se passent bien en général, sauf une fois où Thierry, excédé par des types particulièrement désagréables qui passent leur temps à nous expliquer que Caramail est bien mieux que nous, leur lance : « Bon, messieurs, vous cassez les couilles de 25 % de l'actionnariat (lui-même !), on va s'arrêter là. » Je me revois ajouter, à la stupéfaction de Catherine : « Heu, en fait, vous cassez les couilles de 50 % de l'actionnariat, il faut vraiment que vous y alliez maintenant. » Plusieurs fonds mordent à l'hameçon et on commence à discuter. L'ambiance chez i(france) est devenue complètement dingue. On court partout, j'ai trois téléphones, Thierry deux. On passe notre vie au téléphone en tapant des emails et en regardant de loin ce que devient notre site. Nous sommes convaincus que nous allons arriver à lever

les 140 millions annoncés, ça paraît incroyable mais on y croit.

Un jour, le téléphone de Thierry sonne, au bout du fil un fonds. Thierry met sa deuxième ligne en attente, il écoute le type surexcité qui vient de garer son « scooter électrique » pour pouvoir passer l'appel. Thierry met le haut-parleur, le type hurle dans son téléphone : « J'ai obtenu le feu vert de mon comité, on met 30 millions. » Je suis éberlué mais moins qu'après la réponse de Thierry avant de raccrocher : « Super, on vous rappellera. » Je pars dans un fou rire incontrôlable en imaginant le banquier garé sur le périph avec son scooter électrique, qui nous annonce qu'il va investir une somme folle dans une start-up et qui se voit raccrocher au nez par deux petits cons qu'on voit dans les journaux. Arrive alors un type extra mais survitaminé. Il n'est pas là pour rigoler, celui-là, c'est le patron du M&A (*Merge and Acquisition*) de LibertySurf, un fournisseur d'accès célèbre ! Il a un drôle de job, m'explique-t-il : il doit acheter une boîte par semaine… Alors hop hop hop on ne traîne pas, si on pense vendre i(france), il faut le lui dire rapidos et démarrer les discussions. Thierry (largement autant vitaminé) le prend au mot : « Hop hop hop faites-nous une proposition ! » On pense ne jamais le revoir mais hop hop hop on reçoit un email, LibertySurf nous propose de nous racheter i(france) pour… 1,4 milliard de francs. Les bras m'en tombent. Trois mois plus tôt exactement, on était passés à deux doigts de vendre le site pour dix fois moins.

Nous sommes début mars. Thierry se barre en vacances à Maurice et me laisse avec les auditeurs de LibertySurf qui entament leur *due diligence*, un audit très pointu qu'effectue l'acquéreur avant de signer le chèque. Tout est analysé, décortiqué et challengé. Je vois débarquer quatre ou cinq auditeurs d'Erst&Young, ils épluchent tous les chiffres, tous les comptes et surtout... notre *business plan*. C'est la panique dans les bureaux, la photocopieuse est brûlante, tout le monde est mobilisé et les documents pleuvent. Un gars particulièrement borné se met en tête de comprendre les calculs de notre *business plan*. Pour ça, il a besoin d'accéder aux formules du document excel BusinessPlan.xls. Je sais pertinemment qu'on a bricolé les calculs, que l'on n'a pas hésité à rajouter certaines sommes à la main quand « ça ne reboucle pas », c'est-à-dire très souvent. S'ils accèdent au fichier, on est cuits. Le type réitère sa demande, il est têtu. Je lui réponds que c'est Thierry qui a le code et qu'il est injoignable. J'appelle Thierry en catimini et lui dis : « C'est la cata, ils veulent accéder aux formules ! » Le clapotis des vagues couvre légèrement la voix de Thierry qui, en bon associé, sait m'aider et trouver une solution à chaque problème : « Envoie-les chier. »

Je m'exécute. Après trois ou quatre tentatives, le gars jette l'éponge, il devra se contenter des résultats sans comprendre le raisonnement. Et Thierry ne lui sera pas d'une plus grande aide : à mon troisième appel il me raccroche presque au nez en me lançant : « Mais envoie-les chier j'te dis, bon j'te laisse, j'ai un soin dans cinq minutes... »

Parallèlement, j'informe Viventures qu'on est en discussion avec LibertySurf, je leur indique le montant de l'offre et les modalités. Je leur annonce que la signature est prévue sous huit jours. Deux jours plus tard, coup de fil de Viventures, ils ont parlé du dossier à Vivendi et Jean-Marie Messier a trouvé le concept formidable. Vivendi souhaite également faire une offre ! Je n'en crois pas mes oreilles, j'appelle Thierry illico, cette fois c'est le bruit des glaçons dans le ti-punch qui m'accueille : « Thierry, Thierry, Vivendi veut acheter aussi ! » Sans doute inspiré par la vue de sa villa, il me balance : « Top, on va les faire grimper au cocotier. » Vivendi nous écrit, ils nous font une offre à 1,2 milliard de francs, la moitié en cash et le reste en actions. Les actions Vivendi valent 120 euros chacune. Je commence à me sentir mal, les Vivendi vont vouloir eux aussi effectuer leur *due diligence* ; la photocopieuse est encore chaude et je vois la deuxième équipe d'auditeurs se pointer. C'est reparti pour un tour. Vivendi est pressé par le temps, ils n'ont que quelques jours pour se décider et faire une offre ferme. Nous discutons simultanément avec les deux acheteurs. On essaye de faire monter le prix mais surtout la part en cash, on ne se sent pas rassurés à l'idée de toucher des actions, d'autant que la bulle se fissure sévère.

Un soir, je dîne chez Christophe, un pote qui vient d'avoir un bébé qui dort sagement dans la chambre du petit appartement. La soirée bat son plein, on boit du bon bordeaux et on mange gras quand l'un de mes deux téléphones sonne. À l'autre bout du fil, les équipes de Vivendi, qui ont tout un tas de remarques sur nos exigences. Je quitte la table et demande à m'isoler. Une seule solution : la chambre du bébé ! Je m'assieds par terre et commence à négocier. Le deuxième téléphone sonne, je prends l'appel : c'est LibertySurf ! Je reste ainsi une heure, assis au pied du berceau, chuchotant tour à tour aux deux équipes en priant pour que le bébé ne se mette pas à hurler. Il reste sage et dès le lendemain l'offre de Vivendi est sur mon bureau : 182 M€ dont 50 % en cash !

Nous venons de conclure une des plus grosses cessions de l'histoire de l'Internet français 1.0. Je n'ai jamais croisé Jean-Marie Messier. Je traite avec Franck, responsable du domaine Internet aux côtés d'Alex, et je ne rencontrerai Jean-Marie que quelques semaines après. Lors d'un cocktail, le CEO de Viventures m'introduira avec un grand sérieux :

— Jean-Marie, je vous présente Marc qui a eu la brillante idée d'installer ses équipes à Dijon.

Jean-Marie, souriant, répond du tac au tac et me lance :

— J'espère que ce n'est pas la seule idée brillante que vous ayez eue.

— Non, enfin, je crois que non...

20 mars 2000 : on a organisé une grande fête pour célébrer le changement de nom d'i(france) qui s'appelle donc désormais idoo.com. On a déjà une idée de signature sévère : « *If I want Idoo* ». On a invité des centaines de personnes, je suis complètement épuisé. Nous sortons de deux jours et deux nuits de négociations avec Vivendi. Thierry, de retour de vacances, a été extraordinaire, il a pinaillé sur tout, il a poussé à bout les avocats de Vivendi, négociant chaque centime. Le temps jouait pour lui, il le savait, il a été impérial. Le contrat est signé à vingt-deux heures, au siège de Vivendi. Tout le monde était anxieux parce que le directeur financier qui devait signer le contrat était un fou d'opéra et personne ne savait s'il avait finalement renoncé à partir pour se rendre à l'Opéra Garnier ou s'il était toujours dans les murs. Je suis très riche, a priori j'ai 45 M€ qui se baladent dans les tuyaux électroniques du système financier mondial et des milliers d'actions Vivendi bien rangées dans un portefeuille, quelque part. J'arpente l'immense salle Wagram

où a lieu notre fête, je marche comme un zombie. Je suis riche et ça me fait bizarre, je ne réalise pas, d'autant qu'ayant un badge idoo.com à la chemise je passe ma soirée à indiquer les toilettes. Je rentre dormir, je ne sais plus quand j'ai dormi la dernière fois, je suis exténué. Thierry m'appelle au réveil pour me prodiguer un nouveau conseil : « Tu vas avoir besoin d'une vraie banque. » Je comprends évidemment que la banque Hervet, celle du type que Francis avait terrorisé, ne fait pas vraiment l'affaire. Me voilà donc avenue Hoche dans les locaux d'une banque célèbre, enfoui dans la moquette épaisse de cette maison bicentenaire. Le banquier, un petit bonhomme chauve et souriant, m'invite à entrer dans son bureau. « Monsieur, vous avez touché beaucoup d'argent, permettez-moi un conseil personnel. Il faut gérer son argent avec sérieux, précision et professionnalisme. Nous sommes la maison idéale et 45 millions de francs c'est quand même une somme… » Je l'invite à regarder de plus près mon relevé qui indique 45 millions d'euros : 6,537 fois plus !

Je me souviens du jour où j'ai réalisé que tout ça était devenu réel. Un matin, je reçois de cette banque tout un tas de lettres de grand format, chacune contenant un relevé de compte. Les sommes versées par Vivendi arrivent en plusieurs fois sur différents comptes, je ne comprends rien, mais je vois bien que le montant de chaque formulaire est énorme. Je renonce d'ailleurs à tenter d'en faire le total.

La vente d'i(france) pour un montant pareil a donné lieu à bien des critiques, bien des reproches, et a surtout fait naître bien des fantasmes dont un que je ne comprendrai que bien plus tard. Juillet 2002. Je suis sur mon vélo sur une piste de l'île de Ré, quand mon portable sonne. J'ai créé Meetic depuis deux ans déjà, le site explose. Quelques mois plus tôt, le groupe Lagardère nous a approchés pour potentiellement racheter le site mais la transaction ne s'est pas faite. Au bout du fil, un homme qui ne se présente pas.

— Bonjour monsieur Simoncini, je sais que vous avez parlé avec Lagardère pour vendre Meetic, je suis dans le groupe…

— Et ?

— Je pense pouvoir réactiver l'affaire et faire monter le prix si vous me versez discrètement une partie de la plus-value.

— !?

— Si j'avais été chez Vivendi quand vous avez vendu i(france), vous auriez gagné plus d'argent.

Interloqué, je lui lance : « Ça, ça m'étonnerait ! »

Mon interlocuteur réprime un rire et conclut penaud : « Bon, c'est vrai… »

Deux ans et un contrôle fiscal plus tard, je réalise qu'une rumeur court sur moi depuis longtemps :

j'aurais vendu i(france) aussi cher parce que j'aurais versé une rétro-commission occulte à Jean-Marie Messier. L'appel anonyme émanait certainement d'un actionnaire ou d'un banquier ayant souffert dans sa chair de la chute de la maison Vivendi et qui voulait tester ma probité...

« Une réunion à La Poste, ça vous donne le temps de créer trois start-ups »

Chez i(france), c'est la fête. Les changements de propriétaire sont souvent vécus comme un traumatisme dans des entreprises classiques, mais dans une une start-up c'est une bénédiction. On est habitués à la valse des actionnaires. Les salariés attendent même parfois avec impatience ces cessions qui leur permettront de revendre les stock-options qu'ils ont acquises quelques mois plus tôt ! Chez i(france) c'est le cas, cette culbute quasi immédiate récompense leur talent, leur travail et aussi beaucoup leur chance insolente.

Franck devient P-DG d'i(france) tandis que mon contrat stipule que je suis tenu de rester dans les murs douze mois au moins. Avec Franck, mes relations sont au beau fixe. Il a la gentillesse, et aussi l'inconscience, il faut bien le reconnaître, de me mettre « dans la boucle », comme il dit, des décisions de Vivendi-Net. À savoir qu'il m'invite à quelques-uns des « codir », ces comités de direction de la branche numérique, aux côtés d'une dizaine de tronches qui pilotent les départements Internet de Vivendi, SFR, Canal +, etc. Ils doivent donner vie au projet Vizzavi, un super portail censé détrôner tous les Yahoo ! du monde et imaginé par les équipes de Jean-Marie Messier. Vizzavi, encore à l'état de simple Powerpoint, a été valorisé 20 milliards par certains analystes et a propulsé l'action Vivendi au plus haut. Le problème, c'est que maintenant « il faut délivrer »... Je me retrouve à la Défense, à huit heures du matin. Je suis le seul non-surdiplômé et je traîne mon complexe d'infériorité que je n'ai pas encore liquidé malgré les encouragements permanents de Thierry. Je suis très intimidé devant tous ces types plus brillants et plus intelligents les uns que les autres, bien qu'ils aient quand même une vraie propension à tout rendre compliqué. Ils ne savent pas vraiment qui je suis, ni ce que je fais là. Certains sont agréables à côtoyer, d'autres moins. Ils ont tous la tête pleine de chiffres et d'équations et ne réalisent pas bien que plus on en connaît, moins on comprend les gens et moins on sent les choses. Ça papote grandes idées, projets mirifiques, et ça se perd dans la stratosphère quand Internet réclame des *process* courts, des décisions tranchées et des mises en œuvre ASAP.

L'une de mes premières réunions concerne les débuts du WAP (l'accès à Internet par un appareil de transmission sans fil) et de la problématique de facturation. L'action Vivendi est au ciel, ils ont réalisé un spot de pub incroyable où Johnny Hallyday sort de l'écran en noir et blanc d'un portable pour se retrouver dans un Stade de France archi comble ! Seul bémol, il faut désormais commencer à essayer de générer des revenus. D'où la question : « Comment accéder via les téléphones portables aux sites d'information tout en en payant l'accès ? »

Les échanges sont terrifiants :

— Est-ce que SFR sait facturer ses abonnés, s'ils veulent accéder, par exemple, à une météo payante ?

— Oui, oui, il suffit de ponctionner le montant sur la facture de l'abonné.

— Ah ok, mais est-ce qu'on sait empêcher les abonnés Orange de venir sur le portail WAP ?

— Ah non, ça c'est trop compliqué et puis ça fait du trafic sur le portail.

— Mais est-ce qu'on sait facturer les abonnés Orange ?

— Ah non, ça, on ne sait pas.

Conclusion, le portail WAP Vizzavi est ouvert à tous mais n'est facturé qu'aux abonnés SFR.

À peine réveillé, je me résous à me lancer et à poser ma première question en tant que membre du « codir » :

— Pardon… Mais, si je comprends bien, ma femme, qui est abonnée Orange, va accéder sans rien débourser à ce que vous allez me facturer à moi qui suis l'un de vos abonnés SFR. Je pense qu'en tant que client, je ne vais pas être très content !

Et un chef des grosses têtes de se frapper le crâne :

— Ah oui ! Il a raison, ça ne peut pas marcher !

Ils ont analysé la question sous toutes les coutures, technique, juridique, réglementaire, pendant deux heures tout a été pesé, repesé, décortiqué, tordu et décousu, il leur manque juste un brin de *bon sens*, un truc d'ailleurs souvent inversement proportionnel au QI. Pendant près d'un an, les mêmes scénarios vont se répéter. Ils vont nous entraîner dans des labyrinthes féroces et nous y perdre avec peu d'espoir de retour. Les visions sont parfois pertinentes, mais niveau mise en œuvre, ça n'est pas ça du tout. Vizzavi finira par sombrer avant même d'avoir vraiment existé.

Sur le principe, la « convergence » est une idée brillante. Utiliser les tuyaux pour faire passer les contenus produits par Vivendi (films, jeux vidéo, etc.), contrôler la chaîne de bout en bout. L'ennui, c'est que ce genre de synergie réclame du temps, des moyens technologiques faramineux et un vrai savoir-faire pour convaincre les internautes. C'est comme si Peugeot construisait l'ensemble de la filière, de la mine aux aciéries, des usines aux distributeurs, de l'assurance à la casse, au recyclage et même au ferrailleur. Sur le papier, ça semble pertinent, mais dans chaque secteur, des petits acteurs nerveux et inventifs arrivent toujours à faire mieux que les paquebots du CAC40.

Ce n'est pas désagréable de faire partie de la famille. C'est même passionnant de suivre leur stratégie, de décoder leur politique interne. Je suis ainsi invité avec tout le *top management* de Vivendi pour un séminaire lunaire à Orlando. Dans l'avion qui nous y emmène, je côtoie les stars de Canal+ et les big boss du « numéro deux mondial de la communication ». Le directeur financier de Canal+ me regarde de biais, les chiffres d'audience du Web français à la main. Il s'approche et me lance : « Je ne comprends pas pourquoi on vous a acheté si cher, vous faites 150 000 visiteurs uniques et moi 300 000 avec Canal+. » Je jette un œil sur la feuille et lui précise : « Euh, vous avez oublié un zéro, i(france), c'est 1,5 million. » Regard noir et demi-tour direction la classe business. Le séminaire dure trois jours, Jean-Marie Messier nous inflige quatre ou cinq discours et la chance veut que je fasse trois tours d'autotamponneuses avec lui au milieu de surprenants Mickeys en 3D.

Légalement, je suis tenu de rester douze mois. Dix-huit mois plus tard, j'y suis toujours.

Les délires de Vizzavi se multiplient. Un banquier new-yorkais, Erwan, se voit confier les manettes. Pourquoi un type comme lui ? Mystère. Il s'empresse d'embaucher des troupes surpayées. L'entreprise a ouvert des bureaux dans huit pays européens et emploie 900 personnes, sans compter une tonne de consultants. Les locaux somptueux à Londres, écrans plats Apple, chaises à 1 500 euros l'unité. Son staff nous bombarde de « mémos ». La langue officielle devient l'anglais, ce qui ne me facilite pas la vie. Les équipes de Vizzavi réinventent la roue. Ils sont très intelligents et je ne comprends rien à ce qu'ils nous racontent. Parfois même il m'arrive de me demander si, au fond, ils le savent eux-mêmes. La rengaine enfle : il faut que Vizzavi et i(france) se parlent et travaillent ensemble. Vizzavi décide qu'il doit devenir hébergeur de sites à l'instar d'i(france). Bonne idée, mais pourquoi ne pas reprendre ceux d'i(france) qui continue son bonhomme de chemin ? Parce que, me répond-on, il faut imaginer du nouveau, du grand, du beau. L'appel d'offres sera mondial. Les logiques technologiques seront fracassantes et viendront de Californie ou d'Israël. Rapidement, je comprends qu'ils nous ont rachetés pour rien, qu'ils ne récupéreront pas notre maigre savoir-faire et que, finalement, ils ne savent pas quoi faire de nous. Ça me frustre, mais bientôt cette frustration cède le pas à l'amertume, puis au désintérêt. Je me détache peu à peu d'i(france), de mes équipes, de mon boulot, quelque chose ne va pas, je ne me sens pas bien, je m'amuse moins et, cause ou conséquence, ça va moins bien avec Laurence. On sollicite les moyens de Vivendi, i(france) perd de l'argent, l'épuisement de nos fonds propres est proche. On lance i(france) à l'étranger et développe des tas de nouveaux services avec l'impression d'avancer dans le brouillard. Histoire de nous conformer à la culture de notre nouvelle maison, nous servons à Vivendi des *reportings* au cordeau, détaillant nos *process*, budgétant notre futur, tout ça un peu en vain...

J'ai la tête ailleurs et le *blues* grignote ma vie. D'abord, il y a l'après-coup évident. Le regret classique de devoir abandonner cette boîte que j'ai mis douze ans à bâtir et dont je me suis débarrassé en un claquement de doigts pour une somme insensée. Je suis comme un alpiniste arrivé au sommet et je ne sais plus bien quelle montagne je vais pouvoir gravir désormais. Bizarrement, l'afflux soudain d'argent me file un drôle de coup sur la tête. Je plonge à la verticale, direction la dépression. Une vraie, une grise, une glauque, celle qui coupe l'envie de se lever le matin, qui enfle dans le ventre, qui coupe les mots et que même les sourires ne parviennent plus à masquer aux inconnus.

J'ai trente-huit ans et je peux déjà partir à la retraite. Je n'ai plus ni projets, ni envies. Pour la première fois de ma vie, je suis en avance et je débute ma *middle age crisis*. Inconsciemment, je fais tout pour perdre cet argent aussi vite que je l'ai gagné. Je vais y parvenir avec un brio certain. Un soir, je suis à deux doigts d'acheter aux enchères le manuscrit de *Voyage au bout de la nuit*, pour quelques millions. Par ailleurs, je ne signe pas le contrat, pourtant âprement négocié, auprès de la Société Générale, qui devait me garantir contre la chute des actions Vivendi. Cet acte manqué aura de lourdes conséquences dans ma vie quelques années plus tard, mais ce sera aussi, paradoxalement, ma plus grande chance. Un charmant gestionnaire de fortune m'aide à faire des confettis de mes avoirs. Les actions Vivendi plongent mais il me conseille de les conserver et d'emprunter de l'argent nanti sur mes titres. J'emprunte à tout-va, pour payer mon nouvel appartement et surtout pour investir à mon tour dans des start-ups prometteuses. Lagenda.com, pense-fête.com sont des désastres, heureusement millemercis.com sauvera l'ensemble.

Laurence tombe à nouveau enceinte, un miracle, cela faisait deux ans qu'on essayait. Le bleu revient peu à peu, les choses s'arrangent doucement. Au niveau professionnel, je vasouille. Vivendi me propose d'installer un polytechnicien pour me remplacer. Le gars veut à toute force signer un *deal* avec La Poste pour leur proposer nos outils. Me revoilà dans le cercle infernal du B2B ! Fini le marketing, les campagnes de pub rigolotes comme celle où nous avions imaginé une association de consommateurs, la ROCMIF, se liguant et manifestant dans les rues de Paris contre la puissance et la qualité des outils fournis par i(france) ! Revoilà les emmerdes, les clients qui appellent la nuit parce que les serveurs sont tombés en panne, bonjour les retards de paiement et l'affacturage. Tous ce que j'ai vécu pendant dix ans s'impose de nouveau à moi mais c'est trop, je n'ai plus la force.

C'est ainsi que je me retrouve avec Philippe, qui a quitté le groupe PPR pour nous rejoindre, un matin, en banlieue d'Orly, dans des bureaux de La Poste, logés dans des préfabriqués. Il est huit heures du matin, on est entourés de quatre fonctionnaires barbus assis sur leurs chaises en tissu, avec leurs dosettes de café et leurs touillettes qu'ils tournent doucement, doucement mais doucement... Ils lancent de longues, très longues phrases sans queue ni tête. Une phrase à La Poste, ça vous donne le temps de créer trois start-ups et d'en fermer deux. C'est là que j'ai un flash et que je réalise que je n'ai aucune énergie pour leur vendre mon histoire. Philippe me connaît, il me regarde, il a compris. À la fin du rendez-vous, ma décision est prise : je pars. Fin décembre 2001, c'est fait. Le 16 janvier 2002, *Libération* titre « Simoncini, millionnaire rescapé de la Net-économie, tire sa révérence à Vivendi ».

« *Quitte ou double* »

Décembre 2001. Je suis lessivé, plus un gramme d'énergie, plus envie de rien et je ne trouve aucune route qui m'excite. Mon couple ne va pas fort, pour la première fois de ma vie je découvre l'ennui, l'oisiveté et la mélasse des journées blanches. Je donne une dernière interview sur i(france). Un obscur journaliste, Remy, écrit un article sur ma *success story*. Sa dernière phrase : « Simoncini recréera peut-être une nouvelle entreprise mais elle ne vaudra sans doute jamais 182 M€. » Je ne sais pas pourquoi mais cette phrase me touche, j'en parle à Laurence, elle trouve la bonne réponse : « Qu'est-ce qui t'empêche d'en créer une autre ? Elle vaudra peut-être rien, peut-être 140, pourquoi pas 500, on s'en fiche mais elle te rendra certainement heureux. » Elle a tellement raison, je ne le sais pas encore mais à l'idée de chercher une nouvelle idée, de replonger dans un bain d'adrénaline, de retrouver les gens avec qui je travaille, mon sang commence déjà à circuler à nouveau.

Mes trois meilleurs potes, mes témoins de mariage, traversent alors de grosses difficultés sentimentales. Ils divorcent ou sont sur le point de le faire, leurs couples s'émiettent, ils souffrent. Je suis le seul de la bande toujours en couple, et même si tout n'est pas toujours au top, mon mariage tient le choc. Je passe un temps infini à leur parler à tour de rôle au téléphone. J'essaye de les conseiller malgré ma maigre expérience, mais ils vont mal et je ne trouve pas les mots, enfin, pas toujours. Un soir, fatigué de passer des heures avec chacun d'entre eux, je leur propose de les inviter au restaurant, tous ensemble, d'un bloc, de passer la soirée sur leurs malheurs pour voir si par hasard ils seraient solubles dans ceux des autres. Le dîner est arrosé, je rentre tard et je n'arrive pas à dormir. Un truc me turlupine, je n'ai que trois copains et ils cherchent tous les trois une amoureuse. Ils sont trop vieux pour sortir en boîte, ils sont rarement invités en vacances par leur amis qui eux sont en couple, et leurs rencontres, qui finalement n'ont lieu qu'au bureau, se terminent vite et souvent mal. Je me dis que si 100 % de mes potes galèrent, c'est qu'il doit y en avoir beaucoup comme eux et sûrement, probablement, autant de femmes ! Je tiens ma nouvelle start-up : rapprocher les cœurs.

Au réveil, je l'annonce à Laurence : je veux construire un site de rencontres infiniment plus moderne que ceux qui existent déjà, ultra sécurisé, payant, ludique, un site addictif où l'on pourra passer des heures à chercher l'âme sœur ou un plan d'un soir et où l'on pourra oublier sa solitude en parcourant des pages couvertes de cœurs à prendre. Je regarde ce qui se fait, de gros leaders sont déjà sur ce créneau, abcoeur.com, netclub.fr et match.com aux États-Unis. Je ne serai pas le premier et je relève deux problèmes : il y a très peu de femmes « réelles » inscrites sur les sites et les sites gratuits laissent peu de chance d'exister à un site payant. Mon projet est mal barré. Je ne vois pas comment surmonter ces deux écueils. Je tourne en rond, j'y passe des heures mais je ne trouve pas la solution.

Un matin, je décide de me mettre dans la peau d'une jolie trentenaire célibataire qui a un bon job (dans une agence de pub par exemple). Elle est à la recherche d'un amoureux : pourquoi irait-elle sur Internet ? Et si par hasard elle le faisait, comment choisirait-elle le site ? Je commence à sentir le truc. Le site doit être gros, très gros, ça rassure, et le nombre d'abonnés doit permettre de croiser un maximum de gens. Ensuite, le site doit renvoyer une bonne image de soi, « valorisante », « décomplexée », « moderne » (elle pourra toujours se dire qu'elle va sur le site « pour s'amuser », phrase que j'ai entendue ensuite pendant dix ans) et enfin et surtout il doit être « rassurant ». Voilà, je l'ai, mon site doit être comme une boîte de nuit à la mode : branché, sécurisé, payant et... cher ! Je suis convaincu que la jeune fille dans la peau de laquelle j'essaye de me glisser préférera sortir dans une boîte hors de prix, bien surveillée et très fun plutôt que dans un grand bal populaire, ringard et gratuit... Ce modèle va à l'encontre de tout ce qui se fait sur Internet. Le Web, c'est le royaume du « gratuit », les millions d'euros levés par les start-ups des années 2000 ont été engloutis pour expliquer la gratuité d'Internet ! Tous y est « gratuit, « free », « libre » et rien ne nous a été épargné, pas même Che Guevara qui vantait les qualités d'un fournisseur d'accès « gratuit » qui, lui aussi, a fini par sombrer.

Mais j'ai l'intuition que dans le domaine des rencontres en ligne, il y aura la place pour un site payant. Pour financer la promotion du site et sa sécurisation, il faudra beaucoup d'argent. Rendre le site payant c'est obligatoire, les revenus publicitaires qu'il pourrait générer ne seront jamais suffisants pour « matcher » les trois règles d'or que j'ai imaginées. En une matinée, sur mon balcon, je griffonne sur un carnet l'ADN du site. Il ne me reste plus qu'à trouver un nom, créer la société, dénicher une équipe de choc et développer le site... J'ai besoin de deux partenaires, un directeur marketing (il sera en charge du produit et des campagnes de promotion) et un directeur technique. Mon réseau m'aide énormément et ma médiatisation au moment de la vente d'i(france) est un vrai atout dans le monde de l'Internet français. C'est comme cela que je rencontre Christophe dans un café.

Il a travaillé chez Spray, il a ensuite été en charge de leur section « rencontres », Spraydate. Je lui raconte mon idée, le projet et l'image que je souhaite donner au site. Il semble emballé mais il ne souhaite pas quitter un poste de directeur marketing pour un autre poste de directeur marketing, il veut être directeur général. Je n'ai jamais bien compris les titres, je m'en balance un peu, j'aime beaucoup Christophe, j'accepte. Il connaît un très bon directeur technique : Emmanuel. Il a roulé sa bosse dans pas mal de boîtes, il a été en charge de monter un ISP et est passé par Mageos. Je rencontre donc Emmanuel, et lui parle d'un projet de *chat multidevice*. Je marche sur des œufs, pas certain qu'il acceptera de bosser pour un vulgaire « site de rencontres » ! Mais le courant passe, et Emmanuel nous rejoint ; on a notre directeur technique. Voilà, j'ai l'équipe de base mais toujours pas le nom du site.

Je n'ai jamais su travailler sur un projet tant que je n'ai pas son nom en tête. Christophe me présente un copain à lui, il a créé une agence de recherche de nom : Næemes. Le nom doit sonner moderne, se démarquer des codes classiques des sites de rencontres et il doit fonctionner dans tous les pays. Ils se mettent au travail. De mon côté, je passe également des heures à chercher. Un beau matin, je trouve un nom : Soon. C'est rond, c'est doux, c'est féminin et ça sonne comme une promesse. Je suis très heureux et avant même le retour de l'agence, je commence à travailler sur soon.com. On planche sur le cahier des charges, on imagine les fonctionnalités du site, on en invente beaucoup et, surtout j'impose une difficulté technique majeure mais qui s'avérera décisive : permettre à nos abonnés de dialoguer entre eux en temps réel. Je sais à quel point la fonction *chat* a boosté le Minitel et je sais que les Français sont friands de cette drague en temps réel, « à la tchatche ». C'est très difficile à développer sur Internet avec la technologie disponible mais je ne lâche pas sur ce point. Soon doit me permettre d'adresser la parole à la jolie jeune fille que j'ai repérée, comme en boîte ! La page la plus importante du site sera donc « La liste des *Online* », en vert les personnes que je peux contacter, en rouge celles qui sont passées et reparties... Je veux créer quelque chose de gros ; i(france) était lancé dans quatre pays, je me dis que si je dois bosser dur sur ce nouveau projet, autant viser plus grand et prévoir une ouverture dans le monde entier ! Il faut donc gérer la notion de « pays ». Chaque inscrit verra en priorité les personnes du même pays que lui mais rien ne l'empêchera, s'il clique sur le filtre prévu, de pouvoir accéder aux membres des autres pays.

Plus on avance, plus mon idée de boîte de nuit prend forme. On est en train de créer la *première boîte de nuit virtuelle du monde* ! Le problème principal que l'on doit résoudre est toujours le même : comment attirer les filles sur le site ? Je sais très bien comment fonctionnaient les messageries Minitel à l'époque. Pour que le ratio de femmes soit équilibré, il fallait des animatrices et que les filles accèdent au site gratuitement. Le problème, c'est que si l'accès est gratuit pour les femmes, les mecs se feront passer pour des filles ! La parade est simple : un homme ne peut contacter qu'une femme et vice versa. Ainsi, la fraude est impossible. Toutes ces années à développer des rencontres Minitel m'ont appris ces ruses mais aussi de quoi étaient capables les Français pour ne pas payer ou pour contourner le système. Je sais comment on va se faire attaquer et de quoi on va devoir se protéger. Je sais surtout comment sécuriser le site et comment lutter contre la prostitution. C'est mon obsession : je sais très bien qu'en tant que P-DG de la société, c'est mon principal risque. J'ai en mémoire ce procès intenté à l'homme de paille d'un célèbre patron de presse lorsqu'il gagnait des millions avec son 3615, repère favori des professionnelles.

On se met au travail, la plate-forme est vraiment compliquée à développer, les outils à notre disposition sont chers et les serveurs hors de prix. Je n'ai plus beaucoup d'argent, les actions

Vivendi ne valent plus un caramel et mes investissements dans les autres start-ups ont presque tous été des désastres. Il me reste un peu moins de 800 000 euros, c'est énorme à titre perso mais peu pour développer une start-up aussi ambitieuse. Je décide de les miser intégralement dans la société. C'est quitte ou double et, du coup, je recommence à dormir très peu… Une fois le capital initial brûlé, la société devra être rentable, sinon c'en sera terminé pour moi.

Emmanuel recrute quelques développeurs, on s'installe dans des petits bureaux à Boulogne équipés 100 % Ikea. On bosse jour et nuit. J'ai encore la pêche. Je me sens revivre, j'ai de nouveau envie de me lever le matin, j'adore notre projet, notre équipe et on a tous une belle énergie. Emmanuel travaille à la construction du site, avec Christophe on imagine nos premières bannières de publicité, les fonctionnalités du site et surtout les outils de surveillance et de contrôle. Sans vraiment m'en rendre compte, je maîtrise, d'expérience, ce qui fera un jour le succès de Meetic : la sécurité de nos abonnés.

Trois mois de travail plus tard, le site est prêt. Il est déjà très complet par rapport aux concurrents, même si tout n'est pas parfait, mais comme le cash brûle plus vite qu'une allumette, je dois faire des concessions ! On l'améliorera une fois lancé.

Avril 2001. France 2 est dans nos bureaux. Une journaliste veut filmer le lancement du site en *live* ! On est une dizaine dans l'équipe, un peu sonnés par trois mois de développement et de préparation, d'autant plus que, finalement, au tout dernier moment, j'ai décidé que le site ne s'appellerait pas Soon mais Meetic : un nom trouvé par l'agence Næemes et qui ne m'avait pas séduit au début. On est tous là, serrés pour être à l'image, on chante le compte à rebours en chœur avec la journaliste, « 3, 2,… 1 ». Emmanuel appuie sur RETURN. Meetic naît.

« Mais putain tu ne pars pas avec une hôtesse !!! »

Les premiers membres s'inscrivent. Pour que le site ne soit pas vide au lancement, on a acheté le fichier d'un petit site concurrent, les premiers inscrits ne rentrent donc pas dans un night-club désert. Notre premier inscrit poste sa photo, on est derrière l'écran, pressés de voir à quoi il ressemble ! C'est bizarre pour moi de voir de vrais gens derrière des pseudos ; à l'époque du Minitel, les utilisateurs n'avaient pas de visages, aujourd'hui si. La photo s'affiche lentement dans l'outil de modération, tout le monde est curieux de voir la tête de notre premier abonné ! Il est assez jeune, pas mal mais, allez savoir pourquoi, il est assis sur un chameau...

Chaque jour, quelques centaines de personnes s'inscrivent ainsi sur le site, totalement gratuit. Ils y restent donc longtemps et s'y connectent souvent. Je suis étonné de voir les filles qui s'inscrivent, elles sont plutôt jeunes, souvent très jolies et n'ont pas l'air de professionnelles... Un beau matin, le modérateur m'appelle, il ne sait pas quoi faire, une très très belle fille est inscrite, elle se dit championne du monde de jet-ski, il a des doutes... Moi : « Non ! C'est un *fake*, on la vire. » Deux heures plus tard, elle est au téléphone et nous hurle dessus, elle était bien réelle et à la recherche d'un mec !

Le site commence à grossir, nos serveurs sont installés chez un hébergeur. Avant de quitter Vivendi, j'avais assisté à un COMEX où une équipe avait présenté les résultats d'une étude interne qui montrait que le seul hébergeur qui sortirait vivant de l'éclatement de la bulle Internet serait Teleglobe, une boîte canadienne. Vivendi avait donc mis tous ses serveurs chez l'hébergeur canadien. Bénéficiant du conseil gratuit, j'avais fait pareil. Sauf que voilà, les gamins diplômés en charge de l'étude n'avaient pas prévu un truc ; pour survivre, Teleglobe avait décidé un beau matin de liquider sa filiale française ! On reçoit donc un courrier nous expliquant que nos serveurs sont bloqués jusqu'à nouvel ordre ! C'est une catastrophe pour nous : en plein lancement, nous ne pouvons plus accéder à nos équipements. Je décide d'y aller un peu fort. Je prétexte une intervention dans un bâtiment voisin où nous avons loué un espace chez un nouveau prestataire et on se pointe à trois heures du matin chez Teleglobe. J'explique au veilleur de nuit qu'on doit absolument entrer, il est sympa, il nous laisse faire. La baie grillagée dans laquelle sont stockés nos serveurs est fermée, je la défonce à coup de pieds et je « vole », en toute illégalité, nos propres serveurs ! Le lendemain matin, Meetic redémarre chez un nouvel hébergeur, je mets au panier la lettre recommandée me demandant de payer la porte défoncée et je n'ai plus jamais de nouvelles de nos fournisseurs canadiens.

Meetic grossit aussi vite que mon compte en banque baisse, la question du payant devient vitale. On décide de mettre au point un système de jetons, une monnaie virtuelle : les Krediz. Le principe est simple : certaines actions sur le site rapportent des points (publier sa photo par exemple rapporte 100 Krediz) mais d'autres (comme envoyer un message à un membre) coûtent 50 Krediz. Les Krediz peuvent s'acheter par carte de paiement, par pack de 50, 100, 500, 1 000 ou 5 000, ou en appelant un numéro de téléphone surtaxé. On se dit que certains petits malins achèteront leurs jetons en utilisant la ligne téléphonique de leur entreprise, mais bon, l'argent n'a pas d'odeur. On développe la plate-forme de paiement et, début juillet, mon compte étant quasiment à zéro, on décide de passer Meetic en mode payant. Je n'ai encore aucune idée du chiffre d'affaires que l'on va réaliser. Je n'ai pas fait de *business plan*, on se jette à l'eau, à poil. Miracle, un premier client achète un pack de 5 000 Krediz pour 50 euros ! Notre premier euro pointe son nez ! Sauf qu'il y a un bug dans la plate-forme, et nous débitons le pauvre gars de 5 000 euros pour le créditer de 50 Krediz ! On le rembourse sous les insultes mais on est heureux. Le chiffre d'affaires décolle et à minuit nous avons encaissé plus de 3 000 euros ! C'est inimaginable, nous avons réussi à générer de l'argent avec Internet ! Tellement de start-ups n'y sont jamais arrivées… Je sens que Meetic peut devenir quelque chose de gros.

Je décide alors de lever des fonds, je suis l'unique associé au capital, j'ai donné des actions à Christophe et Emmanuel mais je n'ai pas envie d'être seul dans cette aventure et je me dis qu'on aura peut-être besoin de cash. Quelque fonds se déplacent, mais comme ils sont encore sous le coup de l'éclatement de la bulle Internet, ils sont pâles et craintifs. Ils n'ont pas envie, mais alors pas envie du tout, de financer à nouveau une bande de gamins surexcités. Un fonds se montre intéressé, ses membres pinaillent mais étonnamment ils restent. Je croise les doigts. En vain, ils me rappellent : « L'un de nos plus gros souscripteurs vient du Moyen-Orient, il ne veut pas que l'on investisse dans un site de rencontres, désolé. » Avec du recul, c'est une chance, Meetic deviendra le plus grand terrain de jeu des Françaises en quête de liberté et d'aventure, tôt ou tard cet investisseur nous aurait collé une *fatwa*. J'appelle des potes et mes anciens actionnaires d'i(france). En quelques coups de fil, Arend, Philippe, Thierry, Patrick, Philippe, Jean-David et quelques autres apportent 3,8 M€, assez pour booster Meetic, nous donner de l'air et me permettre de conserver 70 % de la société.

Février 2003. On lance la « Fête des célibataires » ; l'idée, c'est de choisir un jour dans l'année pour que les célibataires puissent fêter leur célibat (!). Ce sera le 13 février, la veille de la Saint-Valentin. La première édition a lieu un jour glacial. On a « privatisé » tous les bars et les restaurants d'une rue de Paris. Les célibataires pourront sortir ce soir-là, veille d'un jour funeste pour eux, et potentiellement se rencontrer ; malin. On a habillé un bus aux couleurs de Meetic, il sillonne Paris. À l'intérieur, de jolies hôtesses congelées vous inscrivent sur Meetic. Christophe est chargé de l'opération « bus des célibataires ». Tout se passe merveilleusement bien jusqu'à ce qu'un type monte à bord. Il refuse de s'inscrire sur le site mais en revanche il nous demande de partir avec la plus jolie des hôtesses. Christophe lui explique poliment que le principe n'est pas de venir chercher une fille dans un bus mais de s'inscrire sur Meetic et d'en trouver une par ses propres moyens. Le type insiste lourdement à plusieurs reprises et évidemment

Christophe, lui, il s'énerve ! Il finit par hurler sur le gars : « Mais putain, tu ne pars pas avec une hôtesse !!! Tu t'inscris et tu cherches une fille sur le site, c'est quand même pas compliqué !!!! » C'est une caméra cachée, et Christophe passera le soir même en *prime time* sur une grande chaîne.

« *L'été meurtrier* »

Début 2003. Meetic plane, la presse s'en empare, il faut dire qu'il y a peu de nouveaux projets à commenter à cette époque.

Les longues journées passent de clope en clope, de café en café. On travaille sur un paradoxe : améliorer encore et encore le site, travailler quinze heures par jour, sans relâche, pour aider nos clients à nous quitter ! Bien entendu, Meetic doit séduire les hommes, les femmes, les convaincre de s'y inscrire et surtout d'y rester, c'est l'objectif numéro un mais, en même temps, nous devons tout faire pour que chacun de nos abonnés puisse trouver la personne avec qui il pourra vivre une histoire et, par conséquent, quitter le site. Malgré ça, à l'été 2003, la vie est belle. Meetic caracole, 3 millions d'euros dorment en banque, je n'ai jamais eu besoin de piocher dedans. J'ai toujours mes actions Vivendi qui garantissent les crédits avec lesquels je vis. En 2000, je me suis acheté un loft à Malakoff et une petite maison à Ars-en-Ré. Je rejoins l'île de Ré avec le sentiment d'avoir bien mérité ces congés non payés. Hélas, 2003, c'est l'été meurtrier.

Jean-Marie Messier est éjecté de Vivendi, c'est Jean-René Fourtou qui lui succède en catastrophe. Le mot « faillite » est évoqué au sujet de Vivendi et l'action sombre de façon abyssale. En maillot de bain, je suis scotché devant ma télévision branchée sur Bloomberg. J'explique à Ugo mon fils qui a deux ans et qui est déjà un crack devant un écran la signification des couleurs : rouge quand l'action descend et vert si par hasard elle remonte. Il adore ce jeu mais, lassé après trente minutes, il me lance : « Vivendi, c'est toujours rouge ! »

Le dévissage est sévère. 120 euros en 2000, puis 60, puis 30. À 20 euros l'action, je n'ai plus qu'une narine au-dessus de l'eau.

Le jour de l'entrée en fonction de Jean-René Fourtou, mi-août, je m'échappe pour courir dans les marais salants. Je cours une heure mais quand je rentre, la première conférence des analystes du nouveau P-DG a été tellement catastrophique que le cours de Vivendi s'effondre : 8,92 euros. J'ai plus de 8 millions d'euros de dettes, je suis plus que ruiné.

Le téléphone ne tarde pas à sonner ; au bout du fil, mon gestionnaire :

— Bonjour. On a un problème, la banque demande une couverture sous huit jours, vous allez recevoir un recommandé.

Une éclipse grise voile le soleil mais je ne cache rien à Laurence :

— J'ai tout perdu. La maison d'Ars, l'appartement à Malakoff et certainement Meetic. Même si on vend tout, on n'y arrivera pas.

Elle encaisse à nouveau ma ruine virtuelle, « tant que ça va bien entre nous et que les enfants vont bien, le reste n'a aucune importance ». J'ai à peine le temps de penser à la femme formidable qu'elle est que je saute dans le premier TGV pour Paris, direction les banques...

Thierry, à qui je parle régulièrement, vient aux nouvelles.

— Marco, comment va ?

— Mal, je suis dans une merde noire.

— Comment ça ?

— D'abord j'ai un contrôle fiscal et ensuite, j'ai tout perdu.

— Quoi ?

— Tu sais, les conseillers que tu m'avais recommandés, ils m'ont fait faire des crédits gagés sur mes titres Vivendi.

— Mais t'es con ! Faut jamais faire ça ! T'en as pour combien ?

— 7 ou 8 millions d'euros.

— Houla c'est la cata !

— Oui, je sais…

Il m'engueule pendant dix minutes puis il conclut :

— Bon, c'est pas grave, j'ai du pognon sur un compte, je vais le mettre en caution, ça fera patienter la banque. Et puis, j'ai confiance, Meetic, ça va marcher.

Thierry est passé au travers de la maudite spirale Vivendi. Il est avisé, averti, attentif. Et n'a pas de complexe à avoir gagné de l'argent alors que, de mon côté, j'ai géré mon pactole en dépit du bon sens, comme si je ne le méritais pas, qu'il fallait que je m'en débarrasse au plus vite avant qu'il ne soit trop tard.

Une belle leçon : deux types que tout oppose peuvent devenir des partenaires de confiance, entreprendre de grandes choses ensemble et même s'ils sortent de deux univers opposés, ils peuvent se trouver. J'avais confié toutes mes parts d'i(france) à Thierry, sans papiers timbrés ni avocats d'affaires. À la confiance, entre nous. Il les a faites fructifier au-delà de ce que j'aurais pu imaginer. Cette fois, alors que je suis dans la mouise, il agit avec panache. Il a gagné beaucoup d'argent avec i(France), il a investi dans Meetic, il m'a aidé à avancer. Les choses sont simples, claires et élégantes. De cette aventure est née une belle amitié.

Histoire de bien m'appuyer sur la tête, le fisc, humant le sang, se pointe avec sa calculette. Par courrier recommandé agrémenté de la charte du contribuable, la septième brigade me balance un « contrôle approfondi ».

Je contacte mon avocat fiscaliste :

— C'est quoi ce courrier ?

— Oh là, ça c'est « le » vrai contrôle fiscal !

Même si je suis certain que les professionnels qui m'entourent ont géré mes finances avec brio, je ne suis pas très à l'aise quand je rencontre l'inspectrice en charge de mon dossier. Elle commence par me demander l'ensemble des relevés bancaires de mes différents comptes depuis trois ans. Moi qui ne classe pas un papier et qui jette tout directement à la poubelle, je suis face à un vrai défi d'organisation. Ma banque veut bien m'expédier des photocopies moyennant huit jours d'attente et 10 euros de frais par chèque ! Je mets deux mois à récupérer tout ça, et à expédier le carton plein à ras bord à qui de droit.

La jeune femme me reçoit à la septième brigade.

— Vous venez sans avocat ?

— Comment ça ? Vous me demandez mes relevés, je ne vois pas pourquoi j'aurais besoin d'un avocat.

Quinze jours plus tard, je reçois un formulaire avec 2 500 questions du genre :

— Précisez l'origine du chèque de 22 euros déposé sur votre compte numéro tant, le 25 mars 2001.

— Précisez l'origine du virement de 132,50 euros, le 12 mai 2002.

Etc.

Pendant des nuits, à défaut de cauchemars, je tente de mettre au clair mon itinéraire bancaire. Et je m'applique à démêler ce qui correspond au salaire de la nounou, aux remboursements des mutuelles, aux frais de voyages remboursés par ma boîte, aux restos payés pour les copains qui, eux, avaient mis du liquide, et ainsi de suite ad nauseam.

L'inspectrice paraît modérément intéressée par ce fourbi de justificatifs. Elle se concentre sur le rachat d'i(france).

— Nous avons un gros problème...

— Ah ?

— En cédant votre entreprise, vous avez touché environ 25 millions d'euros. Comment avez-vous réussi à emprunter 25 millions d'euros ?

— 25 millions d'euros ?? C'est impossible ! Enfin... j'espère...

Elle me regarde, interloquée que je ne sache pas combien j'ai emprunté exactement. Et moi, elle me colle franchement le doute.

— Je vous assure, je ne sais pas bien combien j'ai emprunté, mais pas autant.

— Si, si, regardez...

Et elle me sort cinq relevés mensuels spécifiant chacun « crédit 5 millions d'euros » ! Le raisonnement de la dame est simple : si la banque me prête aussi facilement et bien au-delà de mes avoirs, c'est que j'ai donné du pognon caché en garantie.

Ahuri, je lui demande un délai pour élucider l'affaire. J'appelle mes gestionnaires. Ils m'expliquent que c'est la façon de faire des banques du Luxembourg. Elles réimpriment systématiquement le montant emprunté à côté des intérêts mensuels qui s'ajoutent.

Ce malentendu levé, l'inspectrice se fixe alors sur les donations que j'ai faites aux enfants. Le raisonnement confine au sublime.

— C'est à la limite de l'abus de droit...

— J'avais le droit ou pas ?

— Vous aviez le droit, sauf si vous en avez abusé (sic).

Et mon avocat de me confirmer que la France est un pays qui, sans ciller, considère qu'avoir le droit de faire quelque chose ne donne pas le droit d'en abuser ! Je vous laisse imaginer les merveilleux débats philosophiques que fait naître cette disposition fiscale qui fait le bonheur de quelques excités pour qui le simple respect du droit est déjà une « fraude ». Il m'assure que je peux contester, que je gagnerai certainement mais que, dans l'intervalle, je devrai bloquer en banque le montant de la pénalité réclamée. Comme je n'ai plus un rond devant moi, ça ne va pas être possible.

— Donc, s'il lui prend la lubie de me coller un redressement, je suis mort ?

— Ben oui, t'es mort...

Ça tangue… Un : j'ai tout perdu côté actions Vivendi et deux : je peux me retrouver dos au mur face au peloton d'exécution du fisc sans la moindre chance de plaider ma cause. Ce contrôle, que j'imaginais comme une formalité de plus, commence vraiment à dégénérer en cataclysme sournois.

Le rendez-vous pour me remettre « en mains propres » l'avis de redressement potentiel est fixé un lundi. Je passe un week-end de misère. Ça tourbillonne dans ma tête. S'ils me crucifient, cette fois, il n'y aura pas de Zorro pour me tirer d'affaire. Je suis tellement dans la panade que pour la première fois je n'en parle pas à Laurence.

Je suis « convoqué » à dix heures. Je m'assieds dans la salle d'attente. La contrôleuse passe une fois, deux fois sans faire attention à moi, sans m'adresser la parole et moi, ça m'angoisse.

Enfin, elle s'approche :

— Bonjour, qu'est-ce que vous faites là ?

— Ben, je viens pour la notification de redressement.

— Mais ce n'est pas aujourd'hui, c'est demain !

Tellement stressé, j'ai avancé l'horloge et mangé les aiguilles. Dans les yeux de l'inspectrice qui doit prendre sa décision dans la journée, je lis l'ahurissement face à un type qui anticipe de vingt-quatre heures l'énoncé d'un désastre potentiel.

— Je suis désolé, je me suis trompé de jour. Je ne sais pas à quoi je pense.

— Pas la peine de vous déplacer à nouveau, je vous l'envoie par fax demain.

Le lendemain, le fax bipe et déroule lentement son avis : « Absence de redressement fiscal ».

Je suis encore aujourd'hui persuadé que si je ne m'étais pas présenté de bonne foi azimuté devant elle et vingt-quatre heures en avance, elle m'aurait sûrement épinglé. Je n'ai évidemment pas le moindre commencement de preuve pour étayer cette élucubration mais ça nourrit ma conviction d'avoir une étoile qui guide de ses rayons mes coups de chance improbables.

Me voilà, fin 2003, sans redressement, toujours couvert par Thierry qui me permet de conserver mes titres Vivendi, avec un trésor personnel épuisé mais à la tête de Meetic qui, par chance, commence à ressembler à une micro-licorne. Cette ruine virtuelle sera pourtant ce qui m'arrivera de mieux. Je n'ai plus d'autre choix que de réussir, Meetic c'est ma chance. L'énergie vitale ça se travaille, le loup ne court jamais le ventre plein. Tout le monde me pense riche mais je ne suis plus qu'un sursis.

« *I'm sorry, I'm late, still on my jet* »

Meetic explose, la folie i(france) recommence : course à l'audience, aux locaux, aux embauches. Déménagement, réaménagement, achat de serveurs à la pelle et site planté aux heures de grande audience. Bizarrement, je tiens le choc, je vais même mieux que l'année précédente ! Je sens qu'il faut encore accélérer et je décide d'essayer d'avaler notre premier concurrent : Netclub. Le site est détenu par un groupe canadien coté en bourse et spécialisé dans les petites annonces. Je prends contact avec eux, ils m'envoient le boss français du groupe. Le type se pointe dans mon bureau mansardé. Cravaté, pas très sympa, mais bon, je me dévoile et lui annonce que j'achèterais bien son site. Il me regarde, surpris, et me lance : « Vous savez, jeune homme, moi, quand je suis leader sur un marché, soit j'achète le challenger, soit je le tue ! » Je suis un tantinet désarçonné par sa réponse qui, il faut bien le dire, est étonnante ! Je lui demande : « Vous faites quel chiffre d'affaires ? » Il me répond : « 3 M€. » Christophe me connaît, il passe en apnée et je réponds au boss à cravate : « Meetic fait 5 M€, et moi, quand je suis leader, soit j'achète le challenger, soit je le tue… » Le P-DG d'en face se décompose, il n'imaginait pas que Meetic soit déjà si gros mais, beau joueur, il accepte de débuter des discussions. Ils en veulent 12 M€, je ne suis pas prêt à en donner plus de 3, on ne dealera pas. Finalement, dix ans plus tard, on le rachètera à IAC pour un euro.

Meetic grossit vite, trop vite, il faut mettre la boîte au carré. Je n'ai aucune passion et aucune compétence pour la gestion et encore moins pour l'organisation, il faut gérer ça au cordeau, j'ai besoin d'aide. J'appelle Sandrine, elle occupait le poste de directrice financière d'i(france) et elle nous rejoint en mars 2004, elle a des semaines de boulot pour remettre la société en ordre. On décide de lever beaucoup d'argent et, sans elle, rien n'est possible. Fin août, c'est nickel. J'organise alors un *Beauty contest*. Le principe ? On envoie notre dossier aux fonds, ils nous font des offres et on choisit la meilleure. C'est prétentieux, habituellement c'est aux sociétés de venir faire les malins devant les fonds pour espérer une offre mais Meetic est un cas particulier, sa croissance est fulgurante, on est profitable et on me donne le crédit de pouvoir lancer

Meetic en Europe, voire plus loin… Nous recevons une dizaine de marques d'intérêt, huit fonds américains et deux français.

Les discussions s'engagent avec un fonds américain : Insight. Jerry, leur boss, est très *pushy* sur Meetic, il me fait un gringue pas possible pour financer seul le tour. Un beau matin, son secrétariat m'appelle : le boss débarque de New York dans son avion, il veut me voir « personnellement ». Le rendez-vous est pris au Bourget. Je n'y suis jamais allé, je pars en scooter. Une fois sur place, j'erre de bâtiment en bâtiment, il ne m'a pas dit dans quel terminal privé il arrivait. Je cherche des yeux un petit zinc, il y en a beaucoup sur le tarmac. Mon téléphone sonne alors, c'est lui : « *I'm sorry, I'm late, still on my jet.* » Je réponds : « *Don't worry, I'm still on my Mobylette* », il ne comprend pas la vanne. Il arrive enfin, et descend… d'un Boeing ! La discussion dans un salon VIP est franche et directe, il adore Meetic autant que son modèle économique et trouve que je suis un CEO « formidâable ». Je prends le compliment, pas dupe, mais je tope. Il a quarante-huit heures pour m'envoyer une LOI (*Letter Of Intend*). Le surlendemain, elle est sur mon bureau. La LOI est juste mais dure, le fonds s'engage à investir 8 M€. Les conditions sont assez sévères envers nous, c'est toujours comme ça, ça se discute toujours, après… J'accepte de leur donner quinze jours d'exclusivité, de toute façon aucun fonds n'a proposé mieux. Les *dues diligences* débutent (l'investisseur lance un audit profond sur la société : finances, fiscalité, technique, social, tout est passé au tamis petites mailles).

Et voilà les bureaux pleins d'Américains qui dépiautent Meetic. Leur directeur technique demande une réunion pour comprendre la plateforme. Emmanuel s'y colle, le type pose deux ou trois questions sur le fonctionnement du site, Emmanuel lui propose une démonstration et se retrouve à faire défiler les profils des filles de Meetic. Le gars n'en revient pas, les filles sont toutes plus belles les unes que les autres, leur directeur technique disjoncte, noyé sous le flux de jolies Françaises ! Il n'écoute plus rien, il reste deux heures à mater comme un dingue, en oublie toutes ses questions techniques et finit par appeler son boss en lui hurlant que Meetic est un site « *amazing* » !

Les bruits vont vite dans la Valley. Match.com, le leader mondial, apprend notre projet de levée de fonds. Pour eux, si Meetic lève beaucoup d'argent c'est la catastrophe, ils savent que le marché européen est à notre portée et que si je réussis à verrouiller l'Europe, ça sera très compliqué pour eux de ce côté de la rive. Ils décident donc une approche en douceur. Dans l'autre main, le big boss de Yahoo ! est en visite à Paris. Il enchaîne les rendez-vous avec les principaux médias français. Curieux, il remarque que les jolies hôtesses chargées de le faire patienter surfent toutes sur un même site : Meetic. Il envoie un message au type chargé des acquisitions pour Yahoo !, Simon. Ce dernier me contacte à son tour. Me voici donc en position de mettre Match et Yahoo ! en compétition pour faire monter les enchères, vendre Meetic, et enfin rembourser mes dettes !

Les deux groupes américains sont à Londres, je donne rendez-vous à Match puis à Yahoo ! dans le même restaurant et à trois heures d'intervalle. Joe, le responsable de Match, arrive à l'heure. Il me demande quels sont mes plans, je lui réponds que je veux prendre l'Europe pour tenter les États-Unis ensuite. Il rigole assez fort, Meetic est minuscule par rapport à Match.com lancé dix ans plus tôt, mais il est quand même surpris par mon aplomb. Il me félicite pour ma stratégie et après une bonne heure de discussion me demande si j'accepterais une offre de rachat. Ma réponse est assez évasive, mon anglais n'est pas assez bon pour faire passer les nuances mais il croit entendre une réponse positive. Il plonge la main dans son sac, en ressort un Post-it et griffonne dessus. Il le plie en quatre et me le tend. Je le déplie, regarde, il a noté « 40 M$ ». Voilà, j'ai dans la main 36 cm^2 de papier qui contiennent la fin de mes emmerdes financières, de quoi passer le reste de mes jours à profiter de la vie, la fin de ce stress que j'impose à Laurence et indirectement à mes enfants et ce, depuis tant d'années. Il sait que je n'ai que quelques secondes pour décider, que s'il passait par un *process* classique, il devrait négocier avec une banque d'affaires qui s'emploierait à faire monter les enchères, à en demander toujours plus. Ce serait long et pénible pour tout le monde. Il joue donc au poker. Je suis seul, j'ai trois secondes pour décider et ma réponse vaudra accord. Je suis tenté d'accepter, j'hésite, mon regard parcourt le restaurant blindé de golden boys gominés. Un mot et je rejoins leur monde, je repasse par-dessus le périph', dans le bon sens. Je tourne la tête, je vais donner mon accord, avec les dettes que j'ai je ne peux pas refuser 40 millions de dollars, je ne peux pas. À ce moment précis, coup de théâtre, Simon entre dans le restaurant et se dirige vers moi ! Je me suis planté dans les heures de rendez-vous, avec le décalage horaire j'ai merdé ! Yahoo ! se pointe pendant que je discute avec Match ! Simon voit Joe, il comprend tout de suite et me fait signe qu'il va patienter. Je redescends de mes pensées, je réalise que j'ai deux acheteurs potentiels et que je suis donc en position de force ! Je fixe Joe dans les yeux, je griffonne un chiffre sur le Post-it. Il lit, me regarde en souriant, et déchire les 60 M$ que je lui demandais. Dix ans plus tard il achètera Meetic pour 500 M$.

Les discussions avec Yahoo ! ne donneront rien non plus ; je ne sais plus vraiment pourquoi, je crois me souvenir qu'il voulaient nous payer en actions Yahoo ! Moi, échanger ma vie contre du papier, je m'étais promis de ne plus le faire, plus jamais.

J'ai encore trois jours pour accepter l'offre de Jerry, je sens que ça ne va pas être facile d'obtenir des clauses plus souples, je ne suis pas à l'aise avec l'idée de me marier avec un fonds américain si gros et surtout si pro… Je tente alors un dernier coup et j'appelle Benoist. Il avait investi dans i(france) quand il était chez Viventures, je le connais bien, il travaille désormais chez AGF (Allianz France), la société d'assurances, et je l'apprécie beaucoup. Je lui explique la situation, il vient me voir et je lui expose ma stratégie « officieuse » : créer le leader européen de la rencontre en ligne et revendre le paquet à Match.com, le leader américain. Pour ça, il nous faut aller très vite et il nous faut beaucoup d'argent. Je sais que Benoist me laissera les mains libres et, comme il a l'argent, c'est le partenaire idéal. On tope mais il reste un dernier écueil : convaincre les dirigeants de AGF de rentrer dans un business considéré à l'époque comme un peu sulfureux. Je sais que si j'arrive à convaincre une compagnie d'assurances, j'achète mon passeport pour la respectabilité, ce qui sera bien utile si on a un jour la chance de mettre Meetic en bourse.

Une réunion avec le COMEX d'AGF est montée en urgence, je m'y colle, je ressors la cravate que j'avais achetée pour Jean-Marie Messier. Pendant plus de deux heures, j'insiste sur nos moyens de surveillance, la police du site et les moyens que nous déployons pour lutter contre la prostitution. Beaucoup de prostituées tentent d'utiliser Meetic, elles sont repérées assez facilement et souvent signalées par les membres eux-mêmes. À chaque fois, nous fermons le compte et nous envoyons une mise en demeure par mail et par courrier recommandé ! On stocke tout ça dans nos armoires : si la CNIL avait su que nous avions là, sous nos yeux, le plus gros fichier nominatif de prostituées du monde... Nous travaillons également avec la brigade de lutte contre le proxénétisme dont les agents nous expliquent qu'ils ne s'occupent pas des « indépendantes » mais nous demandent de les aider à lutter contre les réseaux. J'explique tout ça aux AGF, ils écoutent, posent beaucoup de questions. Mais l'un de leurs directeurs n'est pas tendre. Il exhorte les autres membres à refuser d'associer l'image des AGF à celle de Meetic, et explique que la clientèle de « ce genre de site » est forcément « dérangée ». J'ai deux secondes pour sauver le deal, je prends une grande inspiration et je tente le tout pour le tout : « Monsieur, savez-vous quel est le site le plus consulté par vos salariés après celui d'AGF ? » Le type ne répond pas. « Eh bien, c'est Meetic... » Deux jours plus tard nous signons, le même montant que celui proposé par les Américains, la même valorisation, mais les mains libres...

« *T'es bonne* »

Meetic est vite devenu un phénomène de société. Pas un jour sans qu'un média m'appelle pour une interview ou un article. Chaque Français a un ami inscrit sur le site. À Paris, on dénombre 500 célibataires inscrits par rue ! Je ne peux pas passer une journée sans que quelqu'un me branche pour me raconter SA rencontre. Les récits commencent toujours par « Vous n'allez pas me croire, c'est incroyable ». Une rencontre amoureuse, c'est toujours incroyable pour celui ou celle qui la vit. Certains petits malins ont mis au point des stratégies. Un certain Eric91 a décidé, lui, de souhaiter chaque jour « Bon anniversaire » à toutes les filles concernées. Une manière efficace d'entrer en contact. Chaque jour, il drague ainsi 200 ou 300 filles différentes ! Un vrai pro aussi, à lui seul il fait exploser la base de données. Il y a évidemment, des tas d'hommes et de femmes mariées sur Meetic. Nous demandons le statut matrimonial à l'inscription, officiellement 10 % des membres se déclarent mariés, mais dans la réalité, ce serait plutôt 20 ou 25 %… Les gens trouvent sur Meetic ce qu'ils viennent y chercher, des histoires d'une nuit ou d'une vie. Les journalistes m'asticotent souvent sur la question des « coups d'un soir », mais après quelques hésitations je trouve une réponse toute faite : « Citez-moi une histoire d'amour qui n'ait pas commencé par une histoire de cul… »

Meetic est payant et l'immense majorité des paiements se fait par carte bancaire. Nous avons viré le système de Krediz et désormais seuls les abonnements sont commercialisés. Un mois, trois, six ou douze mois selon les prix et la formule. Nous débitons donc chaque mois des centaines de milliers de cartes bancaires. Nous aurions pu utiliser un libellé anonyme mais, pour limiter le nombre de personnes mariées sur le site, nous préférons indiquer Meetic sur le relevé de cartes bancaires.

Deux ou trois fois par semaine, deux gendarmes se pointent également au bureau. Nous leur offrons le café et papotons avec eux. Leur mission ? Enquêter sur des vols de cartes de crédit. L'explication est simple. Des maris (et plus rarement des femmes) s'abonnent sur Meetic. Leur conjoint, tombant tôt ou tard sur le débit « Meetic » du relevé bancaire, pose inévitablement la même question : « Tu es inscrit sur Meetic ? » Le mari répond toujours la même chose : « Ben non, on a dû me voler ma carte. » Sa femme ne lâchant pas, elle demande au mari s'il a porté plainte. Le type s'exécute alors, et le voilà au commissariat portant plainte… contre lui-même. Plusieurs mois plus tard, les gendarmes viennent donc chercher chez nous les informations qui permettront d'identifier l'origine du paiement et, six fois sur dix, retrouvent l'adresse IP de l'ordinateur du mari !

Un beau matin, c'est plus sérieux, je suis convoqué au commissariat de Boulogne. « L'affaire est grave », me dit la policière au téléphone. Je me pointe dans son bureau, elle me dévoile le sujet : je suis accusé de vol de carte bancaire ! La plaignante, une jeune femme belge, s'est inscrite dans la section « Femme recherche femme ». Elle a rapidement noué une idylle avec une compatriote qui lui a évidemment demandé de résilier son compte. Sauf que le mois suivant, horreur : la carte de crédit est à nouveau débitée par Meetic ! Ni une ni deux, elle porte plainte à mon encontre pour « vol » ! Il nous faut deux jours pour comprendre l'embrouille : la demoiselle, maligne, avait créé un autre compte en secret pour continuer à « pécho », et celui-là, elle avait oublié de le résilier !

En cas de problème, les membres n'hésitent pas à nous téléphoner. Avec des millions d'inscrits, inutile de dire qu'il faut être assez malin pour trouver le numéro de téléphone du siège, mais certains y parviennent… Un matin, nous recevons ainsi un appel d'une femme, furibarde : « C'est scandaleux, mon mari est inscrit sur Meetic. — Pardon madame mais nous ne pouvons rien faire si votre mari est marié, nous ne pouvons pas le savoir. — Vous vous rendez compte ? Nous ne sommes divorcés que depuis un mois », hurle-t-elle. Nous lui faisons remarquer que si son mari est divorcé il peut donc utiliser Meetic en toute morale. Là, une question me vient : « Mais comment savez-vous qu'il est sur Meetic, d'ailleurs ? — Ben, je me suis inscrite et j'ai vu sa photo… » On vit parfois des histoires incroyables.

J'ai imposé à Meetic de sauvegarder tous les messages envoyés par les membres. La base de données est énorme, chaque minute plus de 300 messages sont échangés via la plate-forme. Notre équipe spécialisée (dite « police du site ») lance chaque matin des recherches de mots clefs dans ce magma. « Prostitution », « cadeau », « euros », « Western Union », qui nous permettent de repérer des usages « inappropriés ». Chaque jour, nous fermons ainsi des dizaines de comptes de plaisantins, de spams venant d'Afrique (du Nigéria souvent), d'arnaques à la carte bancaire, d'arnaque sentimentale (la belle se fait envoyer de l'argent pour se payer un billet d'avion qui ne décollera jamais) et nous filtrons tout un tas d'arnaques ou de messages vulgaires que nous ne tolérons pas. La question de la morale est difficile à gérer. Un message « illégal » est facile à identifier, un message « incorrect » est plus difficile à qualifier. Nous avons de très longues réunions où nous débattons avec l'équipe du sort à réserver aux membres qui lancent des TS (« Tu suces ? ») à tout bout de champ. Je vis d'ailleurs un grand moment de solitude quand j'explique aux modérateurs (des jeunes d'environ vingt-cinq ou trente ans) que dire « T'es bonne » à une jeune fille est considéré comme « inapproprié » par Meetic : je vois bien dans leur regard qu'ils me prennent pour un vieux con. L'équipe de surveillance de Meetic atteint vite cent personnes, soit un tiers des effectifs français de Meetic consacré à la surveillance du site. Je tiens à conserver l'ADN originel du site, même si tout ça commence à nous coûter une fortune !

Nous recevons aussi beaucoup de courrier papier et même, parfois, des enveloppes avec du cash pour payer les abonnements (des malins qui ne veulent pas se faire piquer par leur femme). Un jour, un membre nous écrit une longue et belle lettre pour nous remercier de lui avoir permis d'avoir enfin rencontré la femme de sa vie. Il nous parle de celle-ci et nous raconte par le menu cette rencontre « incroyable ». Il s'excuse ensuite de devoir clôturer son compte, et avoue être très embêté de devoir quitter ce site qui l'a rendu si heureux mais, par respect pour sa douce, être « contraint de le faire ».

Il termine sa lettre par cette formule qui résume à elle seule ce qu'on a créé : « Je pars, je suis fou amoureux mais je ferme mon compte quitte à me réinscrire plus tard si nécessaire... »

Tout est dit.

Le succès et la médiatisation de Meetic emmerdent beaucoup de monde, les sites plus anciens évidemment, les papys du Minitel, les maris ou les femmes trompés et visiblement l'État... Un matin, j'arrive chez Meetic et je vois une dizaine de types en costume dans l'entrée. Sandrine m'explique : « En ce moment on a un contrôle fiscal, une "vérification" fiscale (jamais bien saisi la nuance), un contrôle URSAFF, un contrôle de la CNIL, la DGCCRF qui enquête et... la HALDE (Haute autorité de lutte contre les discriminations et pour l'égalité) ! » Meetic est présent dans une dizaine de pays, on a des filiales en Chine et au Brésil et près de 500 employés, mais la France c'est 80 % de nos emmerdes administratives. Philippe, Emmanuel et Sandrine travaillent comme des dingues, nous échangeons par mail le jour, la nuit, en pensant parfois que l'autre est au bureau alors qu'il est au bout du monde. Et comme si tout ça ne suffisait pas, l'État nous colle six contrôles en même temps ! Sandrine s'occupe de gérer mais le hic, c'est que la HALDE est là parce que quelqu'un a porté plainte au pénal contre moi... Un concurrent plus malin que les autres s'est en effet débrouillé pour qu'un type porte plainte contre nous parce qu'il estimait avoir été discriminé par Meetic puisque lui devait payer à chaque message envoyé et pas les filles d'en face ! Par un cheminement étrange que je n'ai pas compris, le dossier, qui devait être instruit par un obscur juge de Montpellier, a fini par arriver sur le bureau d'un très célèbre juge de Nanterre. Me voici donc convoqué devant le juge, au milieu des délinquants *king size* de Nanterre, poireautant dans un hall sinistre. L'audition durera quatre heures ! Le juge est étonné que je vienne sans avocat, il m'explique que ce sera plus compliqué pour moi puisque je ne pourrai pas consulter le dossier de plainte. Je lui réponds que je connais le sujet par cœur et que je n'ai pas besoin d'avocat. Ses questions sont précises, insistantes, rudes parfois. À la fin de l'audition, je suis épuisé, il me raccompagne sur le palier, me sourit et me dit : « Ne vous inquiétez pas, il n'y a rien dans le dossier, et sinon, ça marche toujours bien Meetic ? J'ai des copains qui s'en servent beaucoup, ils sont ravis. » Il appuie sa poignée de main d'un énorme clin d'œil. Sur son bureau patientent des dossiers terriblement importants, des affaires d'État, énormes, médiatiques, dont certaines pourraient faire trembler la République, et pourtant ce juge consacre quatre heures à une affaire qui se résume à cette question : pourquoi les hommes payent-ils sur Meetic et pas les femmes ?

Une autre complication survient ; une sublime fille rencontre un franc succès auprès des abonnés du site. Le problème, c'est que la demoiselle s'avère être… un homme, enfin plutôt un travesti ou un transsexuel, ses messages ne sont pas clairs… Au milieu des milliers de comptes qu'il doit fermer, l'un de nos modérateurs l'a simplement radié. Le « monsieur » est furibard et les ennuis commencent… À l'inscription, nous ne proposons que deux choix : « Homme » ou « Femme » ! Lui exige que nous ajoutions « Autre » ! Ça chamboulerait toute la logique de Meetic et pour moi il est hors de question de se lancer dans un tel chantier pour le moment. Le plaignant nous harcèle au téléphone, par mail, et décide finalement d'alerter la presse. *Libération* se fend d'un article sur une demi-page sur la manière dont doivent être traités les travestis, les transsexuels ou les transgenres. Je ne cède pas à la pression et, jusqu'à mon départ, je refuserai de traiter ces cas particuliers pour une bonne raison : c'est indémerdable !

À cette époque, je passe ma vie à parler de Meetic sur tous les médias français, dans tous les dîners ou repas familiaux. La rencontre, ça touche tout le monde, tout le monde a été, est ou sera célibataire une fois dans sa vie d'adulte. Les médias sont assez bienveillants, Meetic fera la une du même

Libération qui titre : « Meetic : la *love cash machine* », pas mal... Christophe est interviewé sur Europe1, il répond aux questions quand on lui passe une auditrice : « Voilà, je me suis inscrite sur Meetic et je me suis fait violer. » C'est notre hantise ! On peut toujours sécuriser le site, mais ce qui se passe dans la vraie vie nous échappe. Christophe répond calmement, s'excuse auprès de l'auditrice et a la présence d'esprit de lui demander : « Avez-vous prévenu notre équipe de modération ? » Silence... « Madame, est-ce que vous avez fermé votre compte sur Meetic ? » Réponse : « Non, je m'en sers toujours. » Tête de l'animateur... On a eu chaud. Quelques années plus tard, c'est à mon tour d'être sur Europe1 pour parler de la réforme des auto-entrepreneurs. Un ministre est également présent sur le plateau, je ne le connais que de nom. C'est à lui de débuter l'interview, il remercie le journaliste et lance à l'antenne : « Je sais qui est mon voisin, ma fille a trouvé son mari sur Meetic, un type formidable d'ailleurs. » Un ministre qui annonce en direct le mariage de sa fille avec un MeeticBoy, ça envoie du bois !

Un soir, c'est moins drôle, un type discute avec une fille sur Meetic. Visiblement il lui annonce de mauvaises nouvelles et la fille menace de se suicider ! Le MeeticBoy prend la menace au sérieux et, on ne sait comment, trouve le numéro de téléphone de notre responsable technique : Emmanuel, en l'occurrence. Les pompiers de la ville de la jeune femme nous contactent et nous demandent de les aider à la localiser. Meetic est anonyme et personne ne déclare son adresse ! Ils pourraient passer par une réquisition judiciaire du fournisseur d'accès en donnant l'adresse IP de la jeune femme mais ça prendrait des semaines ! Emmanuel m'appelle et on décide, en dépit de toutes les règles que la CNIL s'efforce de faire respecter, de fouiller dans les messages de notre abonnée. Après quelques minutes de recherches, nous tombons sur un message où elle indique son adresse à un autre membre. Nous transmettons l'adresse aux pompiers qui, quelques minutes plus tard, investiront l'appartement de la jeune femme, lui ôtant ainsi, provisoirement au moins, toute envie d'en finir…

« *Love is in the air as Meetic floats* »

Noël 2004. Sandrine est sur les rotules, elle décide de passer quelques jours en thalasso en Bretagne. Je sens que Meetic va devenir un phénomène en France ; 90 % des Français connaissent le nom du site et, les grands soirs, plus de 80 000 personnes (soit un Stade de France bourré) sont connectées en même temps sur le site ! On a en main la plus grande boîte de nuit du monde, mais pour reproduire cet exploit dans les autres pays où nous avons prévu de nous lancer, ça promet d'être beaucoup plus compliqué et beaucoup plus cher que prévu ! En public, je fais le malin et j'assure que nous avons la recette pour faire exploser le site un peu partout mais, en réalité, je me dis que ce serait beaucoup plus facile d'acheter un à un les leaders locaux pour ensuite les fédérer sous la bannière Meetic. Consolider un secteur quand on en est le leader et que les *cash-flows* sont au rendez-vous, ça devrait être à notre portée. Quinze ans plus tard, j'ai eu la chance de discuter de ce choix avec le P-DG de Carrefour. Il m'expliquait pourquoi il pensait que Carrefour aurait mieux fait de s'appuyer sur sa domination et sa notoriété sur le marché français pour développer des tas d'activités complémentaires en France plutôt que d'essayer de répliquer son modèle à l'étranger où tout est plus compliqué et différent. Meetic est dans la même situation, ultra dominant en France : on pourrait décliner sous notre marque d'autres sites de rencontres, des cafés pour célibataires, une série TV, des lieux de rencontres physiques, etc. Finalement, comme Carrefour, on décide de tenter l'aventure à l'étranger. Quinze ans plus tard je pense toujours qu'on a pris la bonne décision, pour Carrefour je ne sais pas.

Je passe plusieurs jours à regarder des sociétés Internet qui ont tenté la bourse et appelle quelques relations pour leur demander leur avis. Les réponses m'assomment. Il existe une sorte de « confrérie de fait » des patrons ou des entrepreneurs qui se sont lancés dans l'aventure boursière, c'est une épreuve qui crée des liens... « Prépare-toi à vivre avec un microscope dans le cul » (au final ce sera un télescope), « C'est très dur, tu vas y consacrer six à huit mois de ta vie », « Finie la liberté, tu vas vivre enchaîné à ton cours de bourse », j'entends tout... Je pèse le pour et le contre, au fond je sais que je n'ai pas le choix, je préfère ça parce que l'alternative c'est de faire rentrer deux ou trois fonds à mon capital. Ils injecteront l'argent mais je perdrais une énorme partie de mon pouvoir et donc de ma liberté. J'appelle Sandrine. Elle décroche, en sandales au sortir d'un bain de boue : « On va mettre Meetic en bourse. » Silence à l'autre bout du fil... « Ok, en 2006 ? — Heu non, juste après l'été... »

Nous voilà donc en ordre de bataille. Noyés sous les problèmes quotidiens, il faut qu'on arrive à caler tous les nouveaux rendez-vous dans nos agendas ! Christophe ne s'en sent pas le courage, il a travaillé quinze heures par jour depuis le début de Meetic, a eu deux alertes médicales, il préfère ne pas nous promettre d'être à nos côtés. Il gérera le quotidien pendant cette période et Philippe le remplacera dans le *process* d'IPO, je sais de quoi il est capable et nos années i(france) nous ont permis de nouer des liens qui vont au-delà de la relation professionnelle. J'ai une confiance aveugle en Philippe, on fonce. On doit choisir une société spécialisée pour nous aider à écrire le « document de base », une espèce de bible qui contient tout sur Meetic et qui sera proposée au public. Le choix des banques qui mèneront l'introduction en bourse, le choix d'une agence de relations publiques pour nous aider à communiquer auprès de nos futurs actionnaires, le choix d'une agence pour nous aider à rédiger un manuel de « crise »... Ça représente un travail colossal, on s'y colle pendant des mois. Il faut aussi prendre des cours d'anglais, le mien est minable même si mon vocabulaire est riche de mots dédiés au jardinage et aux travaux publics, souvenir de mon voyage aux États-Unis. Celui de Sandrine est parfait mais elle a beaucoup de mal à suivre celui de Philippe dont l'accent en étonne plus d'un. Le choix de la professeure d'anglais est fait par Sandrine ; elle est très jolie et elle arrive de Californie. Je lui explique, un peu gêné, l'activité de Meetic, elle sourit, en fait elle connaît très bien le site. Je suis étonné mais elle me confie que si elle est en France, c'est parce qu'elle épouse un Français qu'elle a rencontré quelques mois plus tôt sur le site !

Le projet d'introduction en bourse doit rester secret, on informe donc le minimum de personnes mais évidemment ça fuite assez rapidement. La préparation du manuel de crise est un grand moment. Deux filles de l'agence interrogent Sandrine sur tout ce que j'aurais pu faire d'illégal ou de moralement désastreux. Je passe douze heures par jour avec Sandrine depuis cinq ans, elle sait tout de moi, de mes business et de ma vie privée... Elle a beau répéter aux deux filles que non, je n'ai « jamais harcelé sexuellement une employée même si l'inverse n'est pas forcément vrai… », ni « tapé dans la caisse », ni « dissimulé un passé encombrant », elles s'entêtent, puis finalement renoncent. Dépitées, elles produiront simplement un annuaire des numéros de téléphone de nos principaux conseils si d'aventure on se prenait une tuile sur la gueule juste avant l'IPO. Plus la date approche, plus on est nerveux. On a rédigé un document dans lequel on balance tous nos chiffres, tout notre passé, tous nos CV, nos salaires, et même les risques liés à notre activité (y compris le risque de maladie lié aux ondes électromagnétiques si un abonné fait un usage trop prolongé de Meetic depuis son téléphone portable !). Toute notre stratégie est détaillée, prête à être livrée aux centaines de sites concurrents lancés dans notre sillage. Un matin, nous découvrons que les locaux de Meetic ont été visités ! Par chance, Philippe, Sandrine, Emmanuel et moi rentrons chaque soir à la maison avec nos ordinateurs, rien n'a été volé… Immédiatement, on impose une société de sécurité dans nos bureaux, un gardien et un chien restent chaque nuit devant la porte et ce, jusqu'à l'introduction en bourse. Bizarrement, quelques jours plus tard, Emmanuel se fera agresser devant chez lui, on essaiera en vain de lui voler son PC portable…

Tout le premier semestre est dédié à la mise en place de l'introduction en bourse. Il faut faire valider des montagnes de documents par les avocats et des tonnes de chiffres par les commissaires aux comptes et les experts. On sélectionne deux grandes banques françaises et, parce que nous sentons que Meetic pourrait intéresser des investisseurs étrangers, nous choisissons une banque anglaise prestigieuse dont on dit que c'est celle de la reine d'Angleterre... Tout est multiplié par trois, les docs, les questions, les réponses et les emmerdes... Passage obligé, nous devons, dans le plus grand secret, présenter notre projet d'introduction en bourse à l'Autorité des marchés financiers. Sans leur sésame, toute entrée en bourse est impossible. Cette fois, on a affaire à de la pinaillerie de haut vol ; chaque chiffre derrière la virgule est vérifié et revérifié, pour chaque information nous devons pouvoir remonter à la source, interne ou externe à la société. La réunion est courtoise, sans plus, le collège de l'AMF n'est pas vraiment habitué à voir arriver une bande de gamins qui tente de rejoindre le compartiment B d'Eurolist, celle des *mid-caps* (la classe B correspond aux entreprises dont la capitalisation boursière se trouve entre 150 millions et un milliard d'euros). Parallèlement, il faut que les banquiers estiment la valeur de Meetic : à huis clos, ils élaborent une « fourchette » de prix qui sera proposée aux investisseurs. En septembre 2005, l'AMF nous délivre finalement l'indispensable

VISA : voilà, sauf catastrophe, Meetic entrera en bourse.

Le grand jour arrive, nous avons organisé une présentation magistrale. Toute l'équipe de Meetic est sur scène, dans la salle des investisseurs, des banquiers, nos conseils, tous les fonds de Paris et beaucoup d'Anglo-Saxons. Devant près de trois cents personnes, on détaille l'activité de Meetic, nos chiffres, notre stratégie et ce que nous allons faire des 85 millions d'euros que nous souhaitons lever sur les marchés : « Acheter tous nos concurrents européens afin de construire un leader européen capable de rivaliser avec Match.com, le leader américain. » Sitôt la présentation terminée, Philippe, Sandrine et moi quittons précipitamment les lieux pour nous lancer dans dix jours de *roadshow* dans toute l'Europe. À raison de six à huit rendez-vous par jour, on s'apprête à répéter notre histoire une petite centaine de fois. Le premier rendez-vous a lieu à La Défense. Pas de chance : les taxis sont en grève, on arrive donc devant la tour et on gare nos six énormes motos en épi devant le siège de la première victime.

Le 13 octobre, les titres Meetic sont proposés à la vente, l'offre est sursouscrite douze fois (ce qui signifie qu'il y a eu douze fois plus de titres demandés que de titres disponibles). Les investisseurs ont placé/injecté 100 millions d'euros dans

Meetic, l'action gagne près de 10 % le premier jour de cotation, et Meetic « vaut » 350 millions d'euros. Ma part est donc désormais valorisée à 140 millions d'euros et nous ne sommes encore que quatre-vingt-dix-neuf salariés ; le *Financial Times* titre « *Love is in the air as Meetic floats* ».

Les *roadshows* sont une véritable épreuve : pendant une heure environ vous devez répondre à des flots de questions sur vos chiffres, votre stratégie et surtout sur vos chiffres futurs que, bien entendu, vous ne devez jamais révéler (il faudrait déjà les connaître !) puisque Meetic, comme les grands groupes Internet, ne publie pas de prévisions. Ainsi, le « marché » doit essayer de déterminer vos résultats, tout seul, sans que vous puissiez lui fournir le moindre chiffre. Cet exercice s'appelle la *guidance*. Le système est bien fait puisque des « analystes » payés par de grandes banques publient régulièrement des notes par lesquelles ils donnent leur avis (et donc leurs prévisions) sur ce que seront les résultats du trimestre prochain. Évidemment, les analystes « crunchent » beaucoup de chiffres mais, surtout, ils passent de nombreux coups de fil amicaux pour qu'on les aiguille. Par exemple, on ne peut pas leur révéler notre nombre d'abonnés mais ils peuvent lancer un chiffre, façon « ballon d'essai » et guetter notre réaction ! Elles peuvent aller d'un « Houlà, comme tu y vas ! » à « Si on vise ça, je peux partir en week-end ». Les notes sont publiées à intervalles réguliers et, selon leur contenu, le cours de bourse peut s'envoler, s'écrouler ou ne pas bouger.

Comme si ça ne suffisait pas, la plupart des *roadshows* se font en anglais, ce qui nous vaut de bon fous rires, malgré les cours assidus que nous suivons. Un matin, j'essaye d'expliquer à un Anglais que « si Meetic envoie sur son portable la photo d'une jeune fille nouvellement inscrite sur le site, il ne lui faudra pas plus de deux minutes pour se connecter ». Sauf que ma trad est moyenne : « If I provide you a girl (on your mobile), I'm sure you'll come in less than two minutes. » On est assez très loin du sens originel, mais ça fait bien rigoler les analystes. Ils rigolent aussi d'ailleurs quand je leur explique que « le taux de pénétration favorise l'élargissement de la base des membres ». Parfois, ce sont eux qui sont déconcertants. L'un d'entre eux, à qui j'explique la puissance du moteur de recherche multicritère (qui permet de trouver des abonnés par couleur d'yeux, par âge ou loisirs), me répond : « Mais comment je fais, moi, si je cherche une femme qui aime les soldats de plomb ? » Je le regarde, éberlué, et lui balance une réponse que Sandrine, en larmes, note immédiatement dans son carnet : « Bah, vous savez, les soldats de plomb, ça n'intéresse pas vraiment les femmes ou alors peut-être encore un peu… en Allemagne. » Mon souvenir le plus déroutant reste quand même celui de ce colosse américain qui nous reçoit un jour fissa dans son bureau ; hop, on s'assied, je démarre illico presto le pitch, il écoute, regarde en l'air, il se gratte le front et finalement m'interrompt en me demandant : « Vous ne fabriquez pas des pneus ? » Il avait rendez-vous avec Michelin, mais pas dans ce bureau.

« *À nous l'Europe...* »

Nous voilà avec 100 M€ en poche pour conquérir l'Europe. On prend contact avec tous les sites européens que nous pourrions racheter. En toute logique, notre priorité devrait être l'Europe du Nord, l'Allemagne, et surtout l'Angleterre. Je sais que la tête de pont des boîtes américaines qui essayent de se lancer en Europe, c'est l'Angleterre. Le hic, c'est que les leaders danois, anglais ou allemands veulent des millions ! Tant que Meetic ne sera pas lancé chez eux et qu'ils ne sentiront pas que nous pouvons les embêter, ils ne baisseront pas leur prix. Je décide donc de booster notre marketing dans ces pays et de monter de vraies équipes à Stockholm, Munich et Londres. Un pays me tourmente : la Chine. J'ai le sentiment que si un jour les Chinois disposaient de moyens de paiement électroniques, ils pourraient se ruer sur les sites de rencontres et s'y abonner. On regarde ce qui se passe là-bas, je sais que tout le monde veut aller en Chine, les grands groupes français s'y précipitent. Je me dis que ça pourrait être une bonne idée de donner un signal fort au marché : Meetic a une ambition mondiale ! On scanne donc tous les dossiers disponibles dans le *dating* : il y a déjà quelques acteurs mais qui sont, soit déjà trop gros, soit mauvais. Un matin, on tombe sur un joli projet : Yeeyoo, qui signifie « millions d'amis » (enfin, d'après ce qu'on m'a dit), un site de *dating* qui fonctionne essentiellement sur mobile. Le site est très bien développé, 4 millions de Chinois l'utilisent et il réalise près de 3 m$ de chiffre d'affaires ! On a trouvé la perle, un site en forte croissance qui arrive à monétiser son audience, pile poil ce qu'il nous faut. Je saute dans un avion après avoir pris rendez-vous avec les fondateurs.

La première rencontre a lieu dans leurs bureaux, situés dans les anciens vestiaires d'un stade de foot abandonné. Là, des dizaines de jeunes tapotent sur des PC, il fait horriblement chaud et l'odeur des WC du stade, situés à vingt mètres, flotte grassement dans les bureaux. Quand je pense à l'inspectrice du travail à Paris qui nous emmerde pour qu'on coince des plantes vertes dans les angles des murs afin que les salariés ne s'y cognent pas... La visite se déroule très bien et je comprends le miracle. Yeeyoo a signé des contrats avec les trois opérateurs mobiles chinois, ils disposent de licences (ce qui en Chine est un sésame indispensable) leur permettant de facturer leurs services via le téléphone. Chaque abonné qui souhaite contacter une jeune fille se voit débiter de quelques centimes de yuans sur sa facture téléphonique. Chaque mois, l'opérateur mobile envoie à Yeeyoo un virement, après avoir prélevé sa commission, évidemment.

Je rentre à Paris, on reçoit leurs chiffres, on leur pose mille questions, on est convaincus que Yeeyoo est une opportunité en béton. On décide de faire une offre, mais en Chine tout se négocie *face to face*. Je repars donc illico sur China Airways avec Sandrine pour démarrer la négociation. De longues nuits de discussions plus tard, on trouve un accord. On est prêts à acheter Yeeyoo pour 25 M$ plus un intéressement calculé sur la croissance future. Les actionnaires de Yeeyoo sont ok, nous pouvons lancer nos *due diligences* ; à notre tour de décortiquer notre cible… Nous trouvons alors des choses assez bizarres. Par exemple, Yeeyoo est censé employer cent vingt personnes mais nous ne trouvons que quarante feuilles de paie ! Le fondateur, les pieds en dedans, nous explique qu'en fait ils ont des licences avec les trois opérateurs mobiles, ce qui est interdit puisque chacun d'entre eux demande un contrat exclusif ! Du coup, Marine (le CEO) a eu une bonne idée : attribuer trois identités différentes à chaque employé ! Ainsi, quand un type se pointe chez China Mobile, il sort une carte de visite avec un nom mais, dès qu'il est chez un autre opérateur, il change de carte ! Je suis effaré mais Marine me regarde en souriant et en m'expliquant : et « *It's the Chinese way !* »

Le deal est enfin signé, un gros pari pour Meetic. Débuter notre programme d'acquisitions par la Chine, c'est comme apprendre à nager en traversant la Manche ! Nous rentrons assommés de notre séjour à Pékin, mais le pire est à venir : annoncer au « marché » que, conformément à sa stratégie de consolidation du marché européen, Meetic acquiert son premier site... en Chine ! Le 17 janvier 2006, on rend donc publique l'acquisition de eFriendsNet, premier réseau communautaire mobile et de rencontres en ligne en Chine, qui fait de nous l'un des leaders de ce marché. Le cours perd 7 % dans la journée et les analystes nous bombardent d'appels. Je me fais hurler dessus par les investisseurs, je tente de leur expliquer que si je n'essaye pas la Chine, ils me crieront aussi dessus mais rien n'y fait, mon interprétation des frontières du continent européen les contrarie vraiment !

Un mois et demi plus tard, le 23 février 2006, nous faisons l'acquisition de Lexa.nl, le site leader en Hollande, monté par deux jeunes très doués. Ils empochent près de 12 millions d'euros mais, à la dernière minute, ils exigent que Meetic prenne à sa charge le paiement des « timbres » pour quelques dizaines d'euros ! Je suis à deux doigts de les renvoyer à Amsterdam par le premier Thalys mais

Christophe s'y colle, il boucle la transaction dans le calme. À l'annonce de l'acquisition, le cours prend plus de 4 %, les investisseurs sont rassurés sur mes notions de géographie. Sauf que je suis têtu, et je continue de vouloir parier sur des pays en forte progression où le leader mondial Match.com n'est pas encore installé. Il y avait la Chine, mais il y a aussi le Brésil ! Je contacte donc le site leader au Brésil : Parperfeito (« partenaire parfait »). Ils viennent (soi-disant) d'entrer en discussion avec Match, il faut faire vite. Si Match met la main sur le site, ça sera terminé pour nous en Amérique du Sud (le Brésil est le seul marché où Internet est développé et où les utilisateurs possèdent des cartes bancaires !) Il faut foncer.

Même musique que pour la Chine : je file à Rio où je rencontre les quatre fondateurs du site, quatre amis de longue date. La discussion est rude, ils sont coriaces et agitent une prétendue offre de Match. J'essaye de limiter les dégâts mais ils sont durs, très durs en affaires… Je suis épuisé, le décalage horaire, la chaleur, ces heures de discussion seul face à une bande de vieux copains. Je décide de me booster aux vitamines et j'avale cul sec un énorme verre de jus de kiwi frais, oubliant au passage que j'y suis allergique. Trente minutes plus tard, je suis rouge écarlate, en sueur et… je gonfle ! La discussion reprend le lendemain matin avec des séquelles. On deale un prix : 21 millions d'euros plus un *earn out* (une clause qui nous permettra d'indexer une partie du prix de la transaction sur les résultats futurs de leur société). Tout au long de la discussion, j'utilise un argument massue : « Si je retire mon offre, vous perdez beaucoup d'argent, pensez-y, une somme pareille, à votre âge, ça peut changer votre vie... » Je vois bien que l'argument tombe à plat. Je comprends le lendemain dans le hall de l'hôtel, à neuf heures, en voyant un type en costume et épaulettes s'avancer vers moi en me demandant « *Are you Marc ?* » Je suis un brin intrigué. Comment Alex a-t-il pu embaucher un chauffeur dans la nuit avec du pognon qu'il n'a pas encore ? Le chauffeur avance une sublime Mercedes blindée dans laquelle je monte, et démarre. Je suis un peu inquiet parce que le bolide ne prend pas la route de l'aéroport... Dix minutes plus tard, il s'arrête, descend, et se dirige vers un énorme hélicoptère bleu marine, rotor hurlant. Je lui demande ce que je fous là, et il me répond, impassible : « Monsieur Alex a mis à disposition sa voiture et son hélicoptère pour vous transporter à l'aéroport avec, en prime, un survol du Christ qui domine Copacabana ! » Je comprends mieux pourquoi mes menaces de retrait les faisaient rigoler : le papa d'Alex avait vendu l'une des plus grosses chocolateries du Brésil à un célèbre groupe alimentaire, quelques années plus tôt, pour quelques centaines de millions de dollars.

Le 10 mai 2006, l'acquisition est finalement dévoilée. Les analystes et les investisseurs s'étranglent à nouveau : après la Chine, le Brésil. C'en est trop, ce sera le début d'une longue et pénible histoire entre « le marché » et moi...

Trois acquisitions en six mois, c'est complètement dingue. Nous ne sommes pas équipés comme peuvent l'être les grands groupes qui ont un département M&A (fusions-acquisitions), nous faisons tout en interne même si de nombreux avocats et commissaires aux comptes travaillent avec nous. Le rythme est infernal ; Sandrine porte le M&A à bout de bras, Emmanuel s'occupe de la technique et intègre les clients rachetés (les membres sont regroupés dans la même base de données pour augmenter la « liquidité »), Philippe fait tourner la boutique, et moi je cherche des cibles et me tape les *roadshows* pour tenter d'expliquer aux investisseurs quelle est notre stratégie et comment on compte augmenter nos revenus. Je suis à la tête d'une boîte de près de cinq cents personnes, Meetic organise plus de deux cents soirées de célibataires dans la France entière, on a des équipes en Chine, au Brésil et en Suède, on fait les trois-huit et plus personne ne dort ! Je n'ai pas fait d'études pour apprendre à diriger un truc pareil, c'est beaucoup trop gros pour moi, j'apprends en faisant... Je pense souvent au film *Itinéraire d'un enfant gâté*, la scène où Jean-Paul Belmondo apprend à Richard Anconina à ne jamais paraître surpris : c'est tellement juste, j'essaye de ne pas montrer ma surprise quand un avocat, un fiscaliste ou un gestionnaire me parle d'un truc que je ne connais pas. Au pire, j'improvise une réponse, souvent je tombe juste, mais parfois, c'est un naufrage. Heureusement, je finis par accepter l'idée de m'entourer de gens bien meilleurs que moi sur à peu près tous les sujets, sauf un où je reste imbattable : les idées à la con.

« *Premier set* »

2006. La guerre avec Match.com fait rage. Le groupe IAC a compris que nous sommes lancés comme une fusée et que si Meetic n'explose pas en vol, Match ne pourra jamais conquérir l'Europe. Or, Match a tout essayé pour nous casser les pattes, ils savent que c'est le marché français qui fournit à Meetic le carburant nécessaire à la conquête de ses nouveaux marchés. Ils décident donc d'envoyer du lourd pour nous stopper net. Ils nomment un Texan sanguinaire à la tête de Match, dont la mission est de nous dessouder par tous les moyens. Ils conçoivent une énorme campagne de pub destinée à faire enterrer Meetic sur sa propre terre. Le Texan est malin, il se doute qu'on ne vend pas du *dating* à des Français ; d'ailleurs, le *dating*, les Français ne savent pas ce que c'est. Non, c'est plus fin que ça, les relations hommes/femmes, et Jim sait qu'il va avoir besoin d'aide. Il fait donc appel à un « consultant » spécialisé dans le lancement des marques américaines en France. Le type se fend d'un gros travail d'analyse afin de préconiser la meilleure stratégie pour vendre de la rencontre en ligne yankee à des Français pourtant déjà experts. En septembre 2006, les hostilités débutent. Match inonde les télévisions françaises d'un spot de pub mythique où l'on voit des papillons de couleur s'agiter en vol, se frôler et se poser, le tout sur une chanson à l'accordéon de Charles Trenet, « Quand votre cœur fait boum ». On rigole bien en voyant le résultat, le spot aurait eu une chance dans les années 60 mais là, franchement, le consultant a pondu un truc à la limite de l'escroquerie. Hélas pour eux, leur campagne ne fait que nous renforcer. À chaque passage du spot de Match, le trafic de Meetic bondit ! Notre notoriété est telle que les Français associent systématiquement « rencontre Internet » à « Meetic » ! Barry s'aperçoit rapidement que son missile texan va s'abîmer en mer ; têtu, il décide d'essayer autre chose.

Il a échoué à tuer Meetic en France, il ne lui reste plus que deux options pour sauver sa présence européenne ; nous racheter (le cours de Meetic est au plus haut et le prix leur paraît certainement irrationnel) ou nous interdire le marché britannique. Je sais que la domination du marché européen impose que nous soyons forts en Angleterre, c'est le pays européen dans lequel Match est le plus fort, les Américains entrent toujours en Europe par la porte anglaise, question d'affinités, de langue et de culture. Or Meetic est minuscule au Royaume-Uni et nous lorgnons depuis plusieurs mois sur un site que nous pourrions potentiellement racheter : DatingDirect. Étonnamment, c'est également la première piste que Match choisit ! Un beau matin, par surprise et via Jean-Marie Messier, Barry nous fait savoir qu'il ne serait pas contre une « fusion » entre Match et Meetic, histoire d'enterrer la hache de guerre et de cesser de dilapider ses millions pour nous scalper réciproquement. Je sais que c'est une option intelligente mais je connais aussi la blaguounette sur les fusions (les JV ou *joint venture*) : le loup dit au cochon, « t'es d'accord pour créer une JV ? » Le cochon répond « Ok ! » et le loup dit : « Parfait, j'apporte le pain, tu apportes le jambon. »

Pas question d'arriver à poil à la noce : fusionner avec Barry (surnommé « Barry Killer » aux États-Unis) sans avoir assuré nos arrières, c'est un peu comme confier son pognon à Mélenchon. Barry est malin, il sait que nous allons essayer d'arriver armés à la réunion et que s'il nous souffle Dating-Direct, ça sera beaucoup plus compliqué pour nous. On se précipite donc au Royaume-Uni pour essayer d'acheter les Anglais, tout en sachant bien que Match est probablement en train d'envoyer des troupes depuis New York pour proposer une contre-offre. Coup de bol, quelques jours avant Noël 2006, un brouillard dingue cloue les avions britanniques au sol pendant plusieurs jours. Je demande à nos pilotes de décoller quand même et de tourner en l'air, tant que nous avons du kérosène, au-dessus de l'aéroport de Nottingham où se trouve le siège de DatingDirect. Une fenêtre météo se présente, nous pouvons atterrir. Les tueurs de Match, eux, restent collés au tarmac.

Deux jours et deux nuits de négociations s'ensuivent, où je verrai tour à tour Sandrine dormir roulée en boule dans un fauteuil en osier, Ning, alors stagiaire à mes côtés (il fondera quelques années plus tard Made.com qui cartonne dans toute l'Europe), déambuler toute la nuit dans les bureaux en cherchant une raison objective d'avoir choisi de travailler à mes côtés, l'avocat de la partie adverse hurler sur son client et quitter les lieux en balançant ses fiches et le nôtre (d'avocat) relire ligne à ligne pendant six heures, un crayon à papier à la main, les trois cents pages du contrat et ce après trente-six heures de négociations !

Le 24 décembre, tout le monde remonte dans l'avion pour tenter d'atteindre Paris avant la fin des huîtres ; le deal est signé, pas réalisé mais signé, ça va avoir son importance…

Quelques semaines plus tard, le rendez-vous avec IAC est fixé ; je rejoins Sandrine, déjà à New York, et je voyage avec Jean-Marie Messier qui en tant que banquier d'affaires me conseille dans ma relation délicate avec Barry. Au cours du vol, nous peaufinons la rédaction du NDA (*Non disclosure agrement*), le document qu'IAC et moi allons signer pour pouvoir nous échanger des informations en toute confidentialité. C'est compliqué, les fusions, c'est un peu comme un mariage : au début, on montre ses atouts pour se faire aimer, et ce n'est qu'ensuite que la vérité éclate... Nous sommes très ennuyés avec l'histoire de DatingDirect, car si nous ne dévoilons pas notre accord, nous nous présentons au bal avec une société beaucoup plus petite que ce qu'elle pourrait être, et si nous le révélons, l'accord n'étant pas « réalisé », il y a un risque énorme qu'il nous explose à la figure. Le dilemme est cruel mais après deux heures de *brainstorming* on trouve la parade. Nous rajoutons en *crash* dans le NDA que ni Meetic ni Match n'ont le droit de se servir d'informations dévoilées au cours des discussions pour entrer en concurrence ! Donc Match, sitôt mis au courant par Meetic du deal en gestation, ne pourra plus rien tenter pour mettre notre deal en péril.

Le rendez-vous avec IAC doit avoir lieu le surlendemain à quatorze heures ; il est quatre heures du matin, impossible de dormir : le jetlag. Je décide de faire des pompes pour me dégourdir et passer le temps. La journée s'écoule, nous mettons au point le NDA et les avocats se chargent de faire signer toutes les parties avant le rendez-vous du lendemain. Notre ajout passe inaperçu, IAC signe. Le soir, je dîne avec Fabrice. C'est un vieil ami que j'avais connu à l'époque d'i(france). Fabrice avait alors monté Aucland, le premier site d'enchères en Europe. Une des premières start-ups à être valorisées à plus de 100 M€! En plein milieu du repas, je suis foudroyé par une énorme douleur à la poitrine ! Fabrice m'aide à me relever, je me sens mal et décide d'appeler un médecin « parlant français » par l'intermédiaire du service de conciergerie de ma carte American Express. Ils font le job, je rentre à l'hôtel tout proche et j'attends le médecin. Il arrive, ne parle pas un mot de français, me demande ma carte bancaire (!) puis appelle son central et lance : « *It's a young CEO, may be a heart attack.* » Je récupère Sandrine et on file en ambulance dans un centre médical où m'attend une infirmière qui entreprend de me déshabiller pour me raser avec un Bic d'occasion. Sandrine garde mon portable, qui sonne toutes les trente secondes ! Elle essaye d'expliquer à Jean-Marie Messier que, non, elle ne peut pas « lui passer Marc » parce qu'il est justement en train de se faire raser par une infirmière ! Le cardiologue, après m'avoir posé cent cinquante questions, décide de me coller des électrodes et de m'équiper d'un enregistreur cardiaque que je devrai garder toute la nuit avant de le lui rapporter le lendemain. Je sors à minuit du centre médical, équipé comme une balance dans les films de Scorsese, ce qui n'empêche pas Sandrine de me traîner dans un fast-food parce que, « infarctus ou pas, faut quand même bouffer ».

Je mesure le professionnalisme d'American Express quand la chargée de compte me rappelle depuis Paris pour faire un point sur la situation. Derrière elle, le médecin chef est à l'écoute.

— Allô, monsieur, ici Europ Assistance, nous venons aux nouvelles.

— Bonsoir, écoutez, pour le moment tout va bien…

— Ah ? Mais que s'est-il passé depuis votre appel ?

— Ben, on m'a posé un pacemaker.

— …

— (*Voix en sourdine* :) On lui a posé un pacemaker.

— (*Voix du médecin derrière* :) Hein ? Quoi ? !? Il est où, là ???

— Allô, monsieur, où êtes-vous, là ?

— Heu, dans un restaurant.

— (*Voix en sourdine* :) Il est dans un restaurant.

— (*Voix du médecin derrière* :) Oh la la, mais c'est pas vrai ça !! C'est pas vrai !!

Silence…

— (*Voix du médecin derrière :*) Ils l'ont opéré où ? Combien de temps ? Il se sent comment ? !?

— Allô, monsieur, comment vous sentez-vous, on vous a endormi combien de temps ?

— Heu non, ils m'ont juste rasé.

Silence…

— Heu, monsieur, vous pouvez me décrire votre pacemaker ?

— Heu oui, j'ai des électrodes de couleur collées un peu partout et un boîtier à la ceinture.

— Ah mais non, monsieur, ça ce n'est pas un pacemaker, c'est un enregistreur...

Finalement, mon cœur allait très bien, je m'étais simplement déchiré un muscle en faisant mes pompes nocturnes et, la douleur ayant explosé au milieu de mon repas, j'ai sincèrement cru à une attaque cardiaque, ce qui, vu l'importance de mon rendez-vous du lendemain, aurait été un sacré manque de bol.

« *Ça n'est pas raisonnable !* »

Quelques heures plus tard, nous voilà installés dans la salle de réunion du building IAC qui surplombe Central Park. La vue est sublime. Autour de la table, le patron texan de Match, quelques sbires, et Viktor, soixante-dix ans, le DG d'IAC qui représente Barry. Quand nous arrivons, Viktor mange une soupe thaï dans une grande tasse en carton, Jean-Marie Messier le regarde tandis que l'autre avale son bouillon en faisant de grands bruits. Je vise entre deux gorgées et je me lance : « Cher Viktor, avant de débuter les discussions, je dois vous annoncer quelque chose, nous avons signé un accord *non binding*[1] à ce stade pour acquérir DatingDirect. Au vu des discussions qui vont avoir lieu, je me devais de vous révéler cette information mais, conformément au NDA que

1. L'accord n'est pas ferme, il comporte des conditions suspensives.

nous avons signé, cette information ne pourra pas être utilisée contre Meetic. Cela étant désormais dit, nous pouvons débuter. » (En anglais, la phrase n'était certainement pas aussi ciselée, mais Viktor me fixe, il garde longtemps sa soupe dans la bouche, il doit avoir parfaitement compris.)

Les Américains sont stupéfaits, ils n'avaient pas imaginé une seconde que nous irions plus vite qu'eux pour acheter DatingDirect et ils réalisent le piège que nous leur avons tendu. Nous pouvons tranquillement échanger nos chiffres : en intégrant DatingDirect, notre groupe est devenu beaucoup plus gros et nous sommes en position de force pour demander une fusion *in equal*, c'est-à-dire à 50/50.

Viktor se congèle, il fusille du regard le Texan qui, il le sait déjà, vient de perdre son job, puis nous regarde. Sans se démonter, il nous lâche que DatingDirect ou pas, « ça ne change pas grand-chose », il estime que Match est beaucoup plus gros que Meetic et qu'il ne consentira jamais à une fusion en dessous de 70/30 ! La vache, il se remet vite le Viktor, pas étonnant qu'il codirige IAC depuis si longtemps avec Barry ! Jean-Marie sait que je n'accepterai pas et que ma réaction va être un tantinet brutale ; il ne me laisse pas le temps de répondre à l'offre et explique d'une voix douce au pitbull de Barry que « ça n'est pas raisonnable ». Personne ne bouge, chacun campe sur ses positions, le deal ne pourra pas être significativement modifié, on sait tous que ce ne sera encore pas pour cette fois. On se sépare, l'ambiance est glaciale et je repars à l'aéroport. Quatre heures plus tard, nos amis anglais de DatingDirect nous appellent, affolés. Ils ont reçu un appel de « quelqu'un d'IAC » qui, s'asseyant sur notre NDA, leur a demandé si le deal avec Meetic était « vraiment » bouclé ou s'ils avaient les moyens de faire une contre-proposition ! Je suis furieux, c'est très grave, trop important pour nous ! J'obtiens en dix minutes les coordonnées d'une des meilleures avocates de New York et je préviens Jean-Marie que je vais défoncer Barry, que je vais lui réclamer des millions de dollars si mon deal anglais explose en vol. Jean-Marie est un peu secoué, il comprend ma fureur, il connaît très bien Barry et va l'appeler « personnellement ». Il me rappelle quelques heures plus tard : Barry lui a juré que ça ne venait pas de lui, qu'il ne savait pas qui avait pu faire une connerie pareille et que, bien entendu, ils ne feraient pas d'offre à DatingDirect. Je ne sais pas si Jean-Marie l'a cru mais moi non, pas une seconde.

« *It's time for love* »

La guerre avec Match continue, on brûle des millions ! Nous nous déchirons sur chaque deal, les portails concentrent l'essentiel du trafic Internet et nous devons absolument être l'opérateur de la rubrique « Rencontres » que chaque portail propose à ses abonnés. Orange, Free, Yahoo !, TF1, etc. : Meetic opère une centaine de « chaînes de rencontres » dont nous partageons le revenu avec le portail. À chaque négociation, c'est la même rengaine : « Match a fait une offre très importante. » Et le même dilemme : ne pas suivre et nous coucher, ou surenchérir au risque de surpayer le deal. Les négociations sont épuisantes, on arrache pas mal de deals mais on en surpaye aussi quelques-uns. Le plus gros deal au monde c'est MSN, ils sont présents dans une quinzaine de pays et Match tient ce deal depuis six ans. MSN leur a assuré une grande partie de leurs abonnés en Europe, et si nous arrivons à récupérer ce contrat, ils sont cuits. Nous nous battons pendant deux ans pour les convaincre de changer de partenaire. C'est un travail de dingue, il faut tout analyser, pays par pays, leur garantir des revenus, leur expliquer marché par marché pourquoi nous sommes meilleurs que Match, discuter et discuter encore, de chaque détail, de chaque chiffre, de chaque point technologique.

Après deux ans d'efforts, nous arrachons à Match la quasi-totalité des pays européens ! Je sais que nous venons de gagner une bataille essentielle et je suis certain que Match va nous appeler pour faire la paix et nous proposer de nous racheter. Sauf que côté *self control* de Barry, c'est une référence et son nouveau missile texan, Greg, n'a rien à apprendre non plus. Rien ne se passe comme prévu, nous continuons à nous déchirer à grands coups de pub TV, sur tous les deals et parfois même sur les acquisitions. Un matin, j'ai un flash : je me demande si je n'ai pas pris le problème à l'envers. J'appelle Philippe et je lui demande son avis : « Moi, si j'étais Barry, plutôt que d'acheter Meetic, le vainqueur du match en Europe, ben, je lui vendrais Match pour que ce soit lui qui le gère en Europe, logique, non ? » Silence de Philippe… « Pas con, mais il n'acceptera jamais… » Philippe a souvent raison, je l'écoute.

Quelques jours plus tard, je suis dans un taxi londonien pour rejoindre nos bureaux quand je repense à la phrase que m'avait dite Patrick, un grand financier, alors que nous discutions d'un coup à tenter. Il m'avait répété ce que sa mère lui disait : « Si tu veux un truc, demande-le, le "non" tu l'as déjà, tu ne risques rien à demander un "oui". » Je décide de tenter le coup, je prends mon BlackBerry et je commence à rédiger un email en anglais à l'attention de Barry. C'est long et laborieux, je ne dois pas avoir l'air trop intéressé non plus, et je dois ménager sa susceptibilité : je m'adresse quand même au CEO le mieux payé des États-Unis ! L'email est presque prêt mais je n'ai pas de réseau sous le tunnel qui longe les docks de Londres : le message ne part pas. Dix minutes plus tard, Jean-Marie Messier m'appelle, il a reçu un email de Barry qu'il va me transmettre. J'efface donc mon email de la boîte d'envoi, je rafraîchis ma messagerie, le mail de Barry arrive, son titre : « *It's time for love* ».

« *Deuxième set* »

La même idée au même moment, c'est ce qu'on appelle l'alignement des planètes. C'est aussi le secret absolu des affaires : le timing. Et même si ce n'est que de la chance, ça revient un peu au même… Dans son message, Barry nous apprend que Viktor est sur le départ et qu'il a nommé Greg à ses côtés, carrure de joueur de foot américain, grande gueule, brillant, sympa mais texan quand même… IAC a déménagé, Barry a fait construire un building sublime, *downtown*, d'un blanc, laiteux qui surplombe l'Hudson et auquel son yacht est arrimé, deux cents mètres plus bas.

Une réunion de travail est programmée ; cette fois c'est Meetic qui arrive en position de force, on va bien finir par l'avoir, notre deal *in equal*. Meetic devra racheter l'intégralité du business de Match en Europe et payer cette acquisition en actions Meetic. IAC deviendra ainsi un gros actionnaire de Meetic et un accord régira la manière dont il agira à mes côtés.

La première réunion est fixée en début d'après-midi. Barry n'est pas là, Viktor (sur le départ) semble plus détendu, et Greg, que je rencontre pour la première fois, fait des tas d'efforts pour paraître sympathique. Nous nous asseyons dans une grande salle avec vue sur la mer, truffée d'écrans et de caméras. Je déballe mes affaires ; un carnet, un stylo, mon Mac, et Viktor attaque. « Nous sommes prêts à vous céder Match en Europe mais nous voulons 65 % de Meetic en échange. » Je le regarde, éberlué : il ne va quand même pas me la refaire une deuxième fois ! On est très loin d'un deal *in equal*, le seul deal que je sois prêt à accepter ! Il s'en tape, Viktor, il me refait le coup, sans la soupe cette fois, mais avec la même nonchalance. Jean-Marie Messier se décompose, il me connaît, il sait que cette fois ça va péter et qu'il ne pourra rien y faire. Il a raison ; ça pète, la réunion a commencé depuis dix minutes mais je me lève de ma chaise et tranquillement je remballe mon matériel, je salue tout le monde et je me barre ! En ouvrant la porte pour quitter la salle, je tombe nez à nez avec Barry ! C'est la première fois que je le vois, pas très grand mais physiquement impressionnant, un sourire carnassier aux lèvres, il me lance : « *Hi Marc, how are you ?* » Je le regarde en rigolant et lui réponds : « *Not too bad, I hope you have your diary in your pocket...* » Il ne comprend pas : « *Why ?* » Je lui balance « *To set up a new meeting, next year !* » Il sourit, et me propose de prendre un café dans son bureau. Je le suis, le bureau est immense, la vue sublime, il parle vite, de tas de trucs, balance plein de chiffres, je ne comprends pas grand-chose à ce qu'il raconte, je m'accroche, j'essaye de comprendre où il veut en venir (j'ai bien une idée mais il est tellement malin, je me méfie de l'embrouille). Après vingt longues minutes, je crois deviner qu'il est OK pour un *reasonable deal*, ce qui n'est peut-être pas si loin du *in equal* ! Je retourne donc rejoindre mes camarades qui ont essayé de trouver des trucs à se dire pendant ces très longues minutes et je leur annonce que nous avons les bases d'un deal avec Match.

Après quelques semaines de discussions intenses dans le plus grand secret, nous signons un contrat de trois cents pages avec IAC. Nous prévenons ensuite les autorités boursières qui nous emmerdent à nouveau pour nous délivrer le visa nécessaire, et nous nous préparons à annoncer la nouvelle au « marché ».

Nous sommes dimanche, je me balade avec Sandrine dans New York, le deal doit être rendu public le lundi matin mais le *Journal du Dimanche* sort le scoop. J'appelle Greg, il n'a pas l'air surpris, je lui demande ce qu'il veut que je fasse, il me répond : *« Do what you have to do. »* On appelle notre agence de communication et on balance l'information à la presse. Dès le lundi matin, l'action

Meetic grimpe de 16 %. Les investisseurs savent que la guerre est terminée et que nous allons pouvoir nous focaliser sur la rentabilité et les synergies. Je n'ai pas cru un instant que Barry a déboulé par hasard au moment précis où je quittais la réunion et j'ai toujours pensé qu'il nous regardait et nous écoutait sur un écran depuis la salle d'à côté pour intervenir si Viktor se prenait un râteau.

Je sais que cette annonce de deal avec Match sonne comme une préretraite pour moi. Nous avons conquis l'Europe et, une fois Meetic et Match réunis, il ne reste plus grand-chose à imaginer pour aller plus loin. Nous allons passer une année à « migrer » les abonnés de Match en Europe vers la plate-forme de Meetic. C'est un travail colossal pour Philippe qui doit gérer et fusionner les équipes, pour Sandrine qui doit se plier à la rigueur, aux normes comptables et aux exigences de reporting des Américains, et bien entendu pour Emmanuel qui passe sa vie en réunion à Dallas avec les équipes techniques de Match pour trouver les solutions pour gérer ce merdier. Je suis complètement dépassé, je lâche l'affaire, je laisse Meetic aux mains de Philippe, Sandrine et Emmanuel. Je ne fais même plus le malin dans les journaux, c'est pour dire. J'ai dépassé mon seuil de compétences et je sais que je ne peux plus faire que des dégâts. Un soir, je fais remarquer à Philippe qu'il ne m'avait pas cru quand je lui avais dévoilé mon idée de rachat de Match. Il trouve la bonne réponse : « C'est pour ce genre d'idées que j'aime travailler avec toi. » Il sait qu'à part mes idées je n'ai plus grand-chose à mettre dans la balance ; la bonne nouvelle, c'est que désormais je l'accepte aussi.

« Jeu, set et match »

L'intégration se déroule à merveille : Meetic peut se concentrer sur ses autres projets, à savoir le rachat des sites en Allemagne, la promotion de Meetic Affinity, un site de rencontres basé sur des affinités beaucoup plus poussées, et le développement de Meetic sur mobile. À l'époque, le mobile explose, de plus en plus de gens utilisent le site via un téléphone et les premières applications de *dating* arrivent à grand bruit sur le marché de la rencontre. La plupart explosent en vol mais on se dit que le smartphone deviendra le premier vecteur de business dans les prochaines années. On travaille donc d'arrache-pied pour trouver une idée. Comment proposer un nouveau type de rencontres utilisable via un téléphone portable ? La géolocalisation semble la réponse évidente, mais qui voudra rencontrer quelqu'un au seul prétexte qu'il est dans les parages ? L'âge moyen d'un utilisateur Meetic est d'environ trente ou trente-cinq ans, celui d'un abonné mobile est de vingt-cinq. Or, nous savons que nous ne pouvons pas proposer le même type de service aux deux cibles, et surtout que nous ne pourrons pas facturer 30 euros par mois un service sur un smartphone !

On lance des tas de chantiers, rien ne va vraiment, je n'arrive pas à trouver l'idée ou la manière de craquer ce marché : je n'y suis pas et je sais que je n'y serai jamais. Je suis conscient que le futur de Meetic va être rude si on ne trouve pas une solution, on ne dispose pas des moyens humains nécessaires pour mener le combat sur les deux marchés, le *dating* de Meetic, le *matchmaking* avec Meetic Affinity et le *flirting* qu'il nous reste à inventer. Sans en aviser Sandrine, Philippe ni Emmanuel, je contacte Greg et lui fais savoir que je suis vendeur de mes parts. Nous avons deux solutions : soit nous trouvons un acheteur intéressé par le rachat de Meetic, et IAC et moi vendrons nos parts si le prix offert est intéressant, soit IAC ou moi rachèterons les parts de l'autre. Inutile de dire que je n'ai pas la moindre intention ni le moindre euro pour faire une offre de rachat à IAC. Je pars donc sur la route pour trouver un acquéreur à Meetic.

Plusieurs groupes semblent intéressés mais ils sentent bien que la croissance de Meetic va devenir problématique si le virage du mobile est mal négocié. Le prix demandé est trop élevé, ils déclinent tous les uns après les autres. Il ne nous reste alors plus qu'une seule piste : Orange. Je suis dubitatif, je vois mal l'opérateur historique et son actionnaire, l'État, au capital d'un site de rencontres, d'autant qu'Orange n'est présent que sur quelques marchés de Meetic. Un rendez-vous est monté un vendredi soir, tard, au siège du groupe, place d'Alleray. Nous avons décidé que Philippe présenterait Meetic aux acheteurs potentiels ; en cas de rachat il en deviendrait le CEO naturel, autant qu'il commence son marketing perso le plus tôt possible. Je place en quelque sorte mon patrimoine entre ses mains. Il est assez tendu quand la réunion débute.

Autour de la table, une dizaine d'Orange, et leur directeur financier qui n'a pas l'air commode. Après quelques minutes de présentation, je sens que Philippe commence à se détendre, et moi aussi, je suis rassuré, mon patrimoine est entre de bonnes mains. C'est le moment que choisit le directeur financier pour nous lancer : « Je ne vois pas bien la différence entre Meetic et un site porno... » Stupeur dans la salle. Je regarde Philippe, il sait que je vais défoncer le gars mais je vois dans ses yeux que, cette fois, c'est lui qui veut le faire. Je ne dis rien et le laisse répondre : « Ça fait longtemps que vous n'êtes pas allé sur un site porno. » La salle éclate de rire, le DAF est vexé, le deal est mort, je n'ai plus qu'un seul acheteur.

Je contacte Greg, et lui demande de me faire une offre. Quelques semaines plus tard, le cours de Meetic sera suspendu, je vends 70 % de mes actions à IAC et m'engage à rester à leurs côtés pendant douze mois. J'ai déjà vécu ça avec Vivendi, je sais quel enfer ça va être d'être là sans y être vraiment, de diriger mais de ne plus diriger et de parler sans n'être plus écouté. Alors, comme je fais beaucoup d'erreurs mais rarement la même, je décide de me lancer un nouveau challenge avant que l'ennui et la dépression ne me reprennent. Je crée le fonds d'investissement Jaïna Capital, j'y injecte tout l'argent reçu de la vente et je recrute une équipe qui commence à éplucher les premiers dossiers dans lesquels nous investirons pendant les sept ou huit années qui viendront.

Le 30 mai 2011, je cède à IAC les 23 % d'actions qui me restent. Je quitte définitivement Meetic sans même faire une fête, je tire un trait sur onze années de bonheur professionnel, de fous rires, d'amateurisme et d'inconscience et j'arrache d'un coup sec ma perfusion de pur jus d'adrénaline.

« Vous avez deux minutes pour que je vous parle de mon projet ? »

On me pose cette question dix fois par semaine depuis près de quinze ans. Sitôt la vente d'i(france) bouclée, je singe les pionniers de l'Internet aux États-Unis qui, une fois leur fortune faite, s'impliquent massivement dans le financement des jeunes start-ups avides de capital, de conseils et d'actionnaires prestigieux. La « redistribution » fait partie de la « nouvelle économie », la nouvelle économie ce sont des entrepreneurs souvent jeunes, qui bâtissent leurs entreprises à grands coups de bits, de plate-formes et de numérique. Certains font parfois fortune en quelques années, d'autres (la plupart, d'ailleurs) échouent... Ceux qui s'en sortent ont une relation à l'argent un poil moins crispée que les générations précédentes.

J'ai créé Meetic en 2000 ; dix ans plus tard, Meetic avait environ la même valeur qu'un des leaders français de la brioche ! Un groupe fondé en 1936, qui emploie 3 200 personnes et qui décoquille 35 tonnes d'œufs chaque année. Forcément, mon rapport à l'argent, ou du moins au risque, est légèrement différent de la famille briochée. Les Américains ont inventé très tôt l'expression *business angel*, et étonnamment sa traduction française n'est toujours pas disponible : il faut croire que pour les Français, « business » et « ange » sont aussi compatibles que « métastase » et « espoir ». La médiatisation des levées de fonds successives puis de la cession d'i(france) ont vraiment boosté ma notoriété dans le petit monde du Web (on ne disait pas encore « numérique » à l'époque, tant la domination de l'usage du Web avant les smartphones était écrasante). De nombreux start-upers en recherche de fonds se sont mis à me balancer leurs dossiers. Twitter, Facebook, WhatsApp, emails, dans la rue, dans les cafés, ça pleut de toute part. Le problème, c'est que pour analyser un dossier il faut y consacrer beaucoup de temps ! Il faut valider l'idée, la concurrence, le *business model*, le *business plan*, l'équipe, challenger les fondateurs et finalement négocier avec des actionnaires crispés pour tenter de faire converger l'offre et la demande ! Alors, quand on me propose d'évaluer un projet en deux minutes, je tente toujours de faire l'exercice, mais il faut une grosse dose d'instinct pour décider d'y investir ou non.

En avril 2000, un congrès de start-ups est organisé à Monaco. Toutes les stars françaises du Web sont là, badgées : les rouges cherchent du pognon, les bleus souhaitent risquer le leur. J'ai vendu i(france) un mois plus tôt, inutile de dire qu'en guise de badge bleu je fais sensation, j'ai l'impression d'être un Schtroumpf ! Un dîner est organisé dans le garage du prince Rainier (!), je suis à la table d'Yseulys et Thibaut. Ils me racontent leur projet, 1000mercis. En gros, il s'agit de proposer aux internautes une fonctionnalité leur permettant de placer dans une *wishlist* tous les cadeaux qu'ils aimeraient bien qu'on leur offre. Par exemple, si je visite un site marchand, je vois un super truc : d'un clic je l'ajoute à ma *wishlist* 1000mercis. Le jour de mon anniversaire, mes amis n'auront qu'à consulter ma *wishlist* pour savoir quoi m'offrir. Brillant au niveau de l'utilisation, mais je suis moins certain du *business model*. Je rentre me coucher après notre rencontre et j'oublie 1000mercis. Au matin, au café, en terrasse, je croise à nouveau le couple. On prend le temps de reparler de leur projet. Ils m'expliquent le *business model* : si quelqu'un m'offre le cadeau de mes rêves via ma *wishlist*, la société percevra une commission de quelques pour cent pour avoir été à l'origine de la vente. Je ne suis pas convaincu du tout par cette idée, le pourcentage versé à 1000mercis sera très faible et il faudrait un énorme parc d'utilisateurs pour que les revenus permettent à la société de vivre. Il me reste quinze minutes avant mon vol retour. Yseulys sent que je ne suis pas convaincu, elle tente un dernier argument :

si les utilisateurs mettent dans leur liste leurs « souhaits », les datas récoltés sont une mine d'or pour les annonceurs. 1000mercis pourrait par exemple mettre en place un mailing proposant un produit à tous les utilisateurs ayant montré un intérêt et ce, avant qu'ils ne l'achètent ! Sur le papier, c'est l'arme marketing absolue, connaître les désirs des consommateurs. Je repousse mon vol retour, on parle argent, ils disent avoir besoin de 2 millions de francs, en une demi-heure on deale, sans business plan ni chiffres, enfin je crois. Le 9 février 2006, 1000mercis entre en bourse et deux mois plus tard sa valorisation atteint 68 millions d'euros. Depuis 2000, je finance très régulièrement des start-ups, à titre personnel au départ puis via mon fonds d'investissement, Jaïna, que j'ai créé après la vente de Meetic. J'ai eu la chance de rencontrer des milliers d'entrepreneurs, tous pleins d'idées et d'énergie. J'ai dit oui à beaucoup de dossiers : certains ont été de très belles réussites (Winamax, Ouicar, Made.com, 1000mercis, etc.), d'autres (beaucoup) n'ont pas décollé et, enfin, j'ai dit non à de très belles aventures (Blablacar, Compte-Nickel, Captain Train et tant d'autres). On dit que souvent la meilleure affaire de sa vie, c'est celle que l'on a refusée : pas certain que cela s'applique à moi… Parmi les start-ups qui échouent, on trouve celles dont le modèle n'était pas le bon. En 2000, un type vient me voir, il souhaite organiser des ventes groupées de produits mis en vente plus cher qu'en magasin ! Il veut encaisser le pognon, placer en bourse la différence entre le prix de base et le prix final et restituer aux acheteurs les sommes gagnées sur les marchés pour que, *in fine*, le prix payé soit inférieur au prix magasin : brillant et totalement illégal. Il y a aussi les start-ups qui ne sont pas dans le bon timing (c'est presque le plus important : il ne faut jamais avoir raison trop tôt, ni trop tard évidemment…). Et enfin, celles dont l'équipe ne parvient pas à exécuter correctement. L'exécution, c'est la clef de la réussite dans une start-up. Rien ne se passe jamais comme prévu, il faut se réinventer en permanence, « pivoter » quand ça ne fonctionne pas et gérer au quotidien tous les problèmes qui déboulent, toujours à un rythme soutenu. Il y a assez peu d'entrepreneurs qui gèrent bien l'exécution et le principal problème c'est qu'on ne peut jamais déceler cette qualité avant d'investir.

Les Américains ont une approche différente de la nôtre. Aux États-Unis, quand un investisseur évalue le projet d'un entrepreneur, il lui demande souvent quelles sont ses principales expériences précédentes, et il fait un focus particulier sur les échecs du fondateur. En France, c'est l'inverse, l'échec est très souvent éliminatoire. Sauf pour les *business angels* ! Eux raisonnent différemment : il savent la difficulté qu'il y a à réussir et ils évaluent mieux les raisons des échecs précédents. Parfois même ils les transforment en qualités : généralement, le fondateur ne fera pas les mêmes erreurs (en réalité il en fera d'autres, beaucoup d'autres !) et il consacrera son énergie à ne pas échouer une nouvelle fois.

J'ai toujours été surpris par le dynamisme de la *frenchtech*. Comment un pays aussi petit que la France sur l'échiquier mondial réussit-il à produire autant de start-ups et d'innovation ? La formation et l'enseignement sont certainement une partie de l'explication. Je crois surtout qu'un entrepreneur se nourrit des problèmes qu'il rencontre. Il ne voit pas seulement le problème, il sent l'opportunité de le résoudre, et il a souvent la capacité d'en envisager le potentiel commercial. Un problème, c'est une chance d'exister, et vu la pagaille qui règne dans notre beau pays, les opportunités ne manquent pas… La France a produit des start-ups extraordinaires, mais à quelques exceptions près, et en excluant les GAFA, il y a peu de start-ups étrangères qui ont vraiment réussi en France. Pour comprendre, il faut imaginer ce qu'est la France pour un entrepreneur anglais ou allemand. Des tonnes de réglementations, des lois en toupie permanente, la rétroactivité fiscale, le droit social (un merdier sans nom), l'enfer au-dessus de cinquante salariés, les comités d'entreprise, le CHSCT, un code fiscal que plus aucune personne sensée ne prétend maîtriser et, cerise sur le gâteau, la palme des palmes, le truc que le monde entier nous envie, le pur génie français concentré en 11 000 articles (dont 18 articles, par exemple, sur la réglementation des échelles...), le tout sur 3 200 pages : notre code du travail. Rajouter à ça des taux d'imposition record, l'impôt le plus con du monde (l'ISF) : ça calme les ardeurs. Pour les malheureux entrepreneurs étrangers qui tentent l'aventure en France, le choc est rude et la pente est raide. Finalement, le meilleur atout de la France, c'est notre système, il nous protège de tous, et presque de nous-même.

Quand je rencontre des jeunes à qui je demande s'ils ont envie de lancer leur boîte ici, la réponse est très souvent « oui », mais quand je leur demande pourquoi ils ne le font pas, il répondent souvent qu'ils ont « peur de se planter ». J'ai tellement entendu ça (surtout auprès des femmes, d'ailleurs) qu'en 2012 je décide d'écrire un livre pour raconter le dessous de quelques grandes réussites de l'Internet français. Je veux montrer que derrière ces succès dont on a mille fois parlé il y a beaucoup de travail, beaucoup de chance et surtout beaucoup d'échecs ! *Grandeurs et misères des stars du Net*, coécrit avec Capucine, sort fin 2012.

Le pitch :

« Qu'ont en commun Denys Chalumeau, Marc Simoncini, Fabrice Grinda, Pierre Kosciusko-Morizet, Jacques-Antoine Granjon et Xavier Niel ? À l'évidence, leur réussite en France et à l'étranger. Ces grands entrepreneurs du Web, respectivement fondateurs de SeLoger, Meetic, OLX, PriceMinister, Vente Privée et Free, connaissent aujourd'hui le succès et la fortune. Mais tous partagent également un passé moins glorieux. Des chutes retentissantes comme celle de Denys Chalumeau avec Promovacances, aux placements risqués, comme ceux qui conduisirent le patron de Free en prison ou le créateur de Meetic à la ruine, leurs confessions nous emportent dans l'univers tumultueux de l'industrie du Web, où tout peut toujours basculer. Ces six portraits retracent six parcours hors du commun et nous font passer de l'autre côté de la Toile pour nous montrer comment ces maîtres d'Internet ont su se servir de leurs échecs pour bâtir leur empire. Erreurs de jeunesse, crises imprévisibles, précipitations, appétit démesuré. »

Dès la sortie du livre, je cours les radios et les plateaux de télévision pour en parler mais c'est le moment choisi par le gouvernement de François Hollande pour tenter d'assassiner les créateurs d'entreprise. On considère alors comme juste qu'une plus-value faite lors de la revente d'une société soit désormais assimilée à du salaire et puisse donc être potentiellement taxée à 63 % ! À Bercy, un couple de papys socialistes n'ayant jamais créé autre chose que des soucis pour les Français défend mordicus cette idée. Michel Sapin et Christian Eckert jubilent, ils ont réussi à mettre les entrepreneurs sous coupe réglée. Ils n'aiment pas les entrepreneurs, nous sommes libres, nous réussissons parfois et surtout nous nous adaptons ! Les politiques ont peu de pouvoir sur nous, nous savons nous débrouiller au milieu du maquis que des milliers de fonctionnaires entretiennent. Alors il faut frapper au portefeuille. Plus question que quiconque réussisse égoïstement en France, les entrepreneurs étant parmi les derniers à pouvoir le faire, il faut mettre fin à ce scandale. C'est un choc énorme pour tous les jeunes start-upers, d'autant que les deux dinosaures du ministère ont décidé que la mesure serait rétroactive ! Un mouvement spontané se cristallise autour des célèbres « pigeons ». On m'en attribue partiellement à tort la paternité. Le gouvernement sent l'orage gronder, en terme d'image c'est un désastre. Les entrepreneurs du monde entier sont éberlués : le gouvernement d'une des premières puissances économiques au monde oublie (volontairement) qu'un entrepreneur qui a réussi (ils sont rares en proportion) a pris des risques et a développé son entreprise avec de l'argent ayant fortement été taxé préalablement ! Pour eux, ce sont des « salariés » et, par définition, leur revenu est garanti. Le phénomène des pigeons est surmédiatisé, c'est la première « e-manif » !

Panique à Bercy, réunion de conciliation avec le ban et l'arrière-ban du gouvernement, rétropédalage en règle. Bercy nous pond une règle fiscale parmi les plus compliquées au monde mais qui reste raisonnable, et calme provisoirement le jeu (ça n'empêchera pas Michel Sapin et Christian Eckert de retenter à plusieurs reprises, pendant les années qui suivront, de flinguer à nouveau les volatiles). Sur les plateaux télévisés ou à la radio, plus aucun journaliste ne me parle de mon livre, on ne me parle que des « pigeons ». Résigné, je cesse la promo du livre et je travaille sur une autre idée : investir 25 000 euros dans vingt-cinq projets portés par des équipes de moins de vingt-cinq ans. Jacques-Antoine Granjon et Xavier Niel me rejoignent, le projet devient les 101 projets (25 000 euros investis dans « 101 projets » parmi les 300 *pitchés* en UNE minute). « 101 projets » est lancé le 18 novembre 2013 au théâtre de Paris. Trois cents entrepreneurs défilent sur scène pendant huit heures pour présenter leur projet en une minute, on en sélectionne cent : vingt secondes pour juger le fondateur, vingt secondes pour juger le projet, vingt secondes pour poser une ou deux questions et hop, on leur met une note. Une fois la sélection terminée, nous finançons une centaine de projets dont certains restent toujours prometteurs.

Reste que le quinquennat de François Hollande a été rude pour les créateurs d'entreprise, en tout cas jusqu'en 2014, le virage « pseudo-libéral » du président et la fameuse déclaration d'amour de Manuel Valls : « Moi, j'aime l'entreprise. » On commence à espérer que la garde rapprochée de François

Hollande a enfin compris que quelqu'un doit se coller à créer les richesses qu'ils distribuent. En vain : quelques mois plus tard, nouvelle attaque des papys flingueurs, ça ne sera pas pour cette fois… Quand en 2011 j'entre dans le bureau de Michel Sapin, énarque, quarante ans de carrière politique, il est assis derrière son grand bureau en bois, chaussettes roses et mocassins à gland. Il lève la tête, me regarde et s'écrie : « Oh… un riche. » Je suis surpris, je pense : « Oh, un con… » Je le garde pour moi. Hélas.

C'est une saloperie la dépression, ça colle aux chaussures comme un mauvais chewin-gum. Sitôt Meetic derrière moi, et malgré mes précautions, je me claque une deuxième crise de milieu de vie. Je ne sais pas combien il y a de milieux dans une vie mais j'ai déjà dépassé mon quota. 5 septembre 2012 : les mots sortent seuls de ma bouche, devant Laurence et mes enfants : « Vous n'avez plus besoin de moi, je vais partir. »

Sitôt les mots crachés, une douleur terrible me déchire l'estomac. Je ne peux plus aller plus loin, j'ai la sensation d'avoir marché cinquante ans avec un élastique attaché dans le dos. Je n'ai plus la force de le tendre, plus du tout, pas un centimètre de plus. Je n'ai jamais imaginé avoir besoin de me faire aider. J'ai construit ma vie professionnelle seul ; j'ai été un père présent, attentionné, et un mari aimant, du moins, je crois. Mais ce jour-là j'ai très peur, très mal et je veux que l'on m'aide. Une amie me donne les coordonnées d'un thérapeute, je l'appelle le jour-même. Mon nom me permet d'obtenir rapidement un rendez-vous. Je me présente chez le praticien qui m'accueille avec douceur. Assis dans un fauteuil orange, je l'observe, il est simple et rassurant.

— Pourquoi êtes-vous là ?

— J'ai dit à ma femme et mes enfants qu'ils n'avaient plus besoin de moi et que j'allais partir.

— Quel âge ont vos enfants ?

— Onze et quinze ans.

— Quand avez-vous dit ça ?

— Avant-hier.

— ...

— Nous étions le 5 septembre avant-hier ?

— Oui, et ?

— C'était bien le jour de la rentrée scolaire ?

— Oui...

— Vos enfants entrent donc l'un au collège et l'autre au lycée ?

— Oui.

— ...

— Je ne vois pas le problème...

— Vos enfants ne sont plus des enfants, désormais, ils n'ont plus besoin de « vous » mais ils vont avoir besoin de VOUS.

— ??!

— VOUS, c'est celui que vous allez devoir devenir. Ils n'ont plus besoin de celui que « vous » avez été, en revanche, celui que VOUS êtes vraiment sera très important pour eux…

Je comprends à cet instant que ma vie va basculer, que je rentre dans un univers parallèle dont je ne soupçonnais pas l'existence, qu'un monde nouveau vient de surgir et que je vais probablement y passer beaucoup de temps et peut-être m'y perdre. Mon couple vole en éclats, je descends aux enfers pendant près de trois ans. Je passe beaucoup de temps à essayer de comprendre qui je suis vraiment, pourquoi j'ai fait tout ça, comment j'ai bien pu faire rentrer autant de carrés dans autant de ronds, comment j'ai réussi à me sortir d'autant de mauvaises passes et comment j'ai pu réussir à embarquer aussi longtemps avec moi autant de gens aussi exceptionnels.

On m'a souvent demandé « si l'on naît entrepreneur ou si on le devient ». Je n'en sais rien, au fond, et je ne fais jamais deux fois la même réponse. Je crois qu'on naît avec certaines qualités qui peuvent aider à entreprendre, elles sont nécessaires mais pas suffisantes et de toute façon on ne sait par avance si on a ces qualités. Ce dont je suis certain, en revanche, c'est que, quelles que soient les qualités dont on hérite, il vaut mieux naître du bon côté des frontières ou du périph'. Voilà, certains se lancent un jour, on ne sait pas bien pourquoi. Ils découvrent en marchant leurs qualités, chaque jour ils doivent espérer découvrir celle qui leur permettra de tenir encore un peu, d'avancer un peu plus loin. Finalement ils sauront bien plus tard s'ils avaient la plus importante : la résilience. On dit qu'un entrepreneur c'est quelqu'un qui saute d'une falaise et qui se débrouille pour fabriquer des ailes avant d'atteindre le sol. Moi c'est tout l'inverse, j'ai compris que j'étais à terre depuis longtemps, très longtemps, et que j'avais mis vingt-cinq ans à construire les ailes qui allaient me permettre de remonter de tout en bas. Elle venait donc de là, ma résilience à moi.

Il y a toujours un moteur qui produit la force. Même enfoui, même oublié, il gronde tout au fond. Qu'il soit alimenté par la peur, la colère, l'orgueil, l'envie, le besoin, la revanche ou l'ego, il doit produire chaque jour l'énergie nécessaire à l'action. La douleur aussi est un formidable moteur, elle impose de s'injecter chaque jour une dose d'action, un antidouleur très efficace mais qui finit toujours, tôt ou tard, par ne plus faire effet. Ce jour de 1982 où j'ai décidé de me lancer dans l'aventure, je n'avais aucun but. J'ai choisi un beau matin une route compliquée, risquée, un métier pour lequel je n'avais ni compétence, ni formation, ni probablement aucune des qualités nécessaires. Je n'avais pas d'autre but que ce chemin et l'inconscience et la prétention de croire que je serais capable de l'arpenter longtemps. Ce chemin m'a permis de rencontrer des gens extraordinaires. Il m'a permis de vivre des aventures incroyables, de ne pas trop patauger dans l'eau pas nette et de ne jamais poser ma roue sur la moindre ligne jaune. Il m'a donné la chance de vivre « une vie choisie » et il m'a enfin, peut-être, mené à moi-même.

Table

PAPIER À BASE DE
FIBRES CERTIFIÉES

Grasset s'engage pour l'environnement en réduisant l'empreinte carbone de ses livres. Rendez-vous sur www.grasset-durable.fr
L'empreinte carbone en éq. CO_2 de cet exemplaire est de 700 g

Dépôt légal : mars 2018

Achevé d'imprimer en France en novembre 2020
par Dupliprint à Domont (95)
N° d'impression : 2020111889 - N° d'édition : 3326535/03